# Kurze Beschreibung

der

# landwirtschaftlichen Verhältnisse

in

# Bayern.

Gewidmet den Besuchern der Wanderausstellung
der Deutschen Landwirtschaftsgesellschaft im Jahre 1893
zu München.

Verfaßt von

**Heinrich Haag,**
k. Ministerialrat.

München 1893.
Druck und Verlag von R. Oldenbourg.

# Vorbemerkung.

Da die Deutsche Landwirtschaftsgesellschaft im Begriffe steht, im Königreiche Bayern eine landwirtschaftliche Ausstellung abzuhalten, so möchte es für viele Besucher der letzteren nicht unerwünscht erscheinen, einen raschen Überblick über die landwirtschaftlichen Verhältnisse des Landes zu erlangen, welches bei der Ausstellung naturgemäß am meisten beteiligt sein wird.

Diesen Überblick soll die nachstehende kurze Beschreibung bieten.

Jene Besucher der Ausstellung, welche sich über einzelne Materien eingehender zu unterrichten wünschen, finden nähere Aufschlüsse in der nach amtlichen Quellen bearbeiteten, bei R. Oldenbourg in München erschienenen Denkschrift „Die Landwirtschaft in Bayern".

München im Juni 1893.

# Inhalt.

# I. Land und Bevölkerung.

Bayern steht seit mehr als 700 Jahren unter der Herrschaft des uralten erlauchten Geschlechtes der Wittelsbacher, welches dem Lande fünf Könige gegeben hat.

Der gegenwärtige Regent Bayerns, Seine Königliche Hoheit Prinz Luitpold von Bayern, allezeit treubesorgt um des Königreiches gesamte Wohlfahrt, hat auch die Landwirtschaft in Allerhöchsten Schutz genommen und wendet derselben huldvollste Förderung zu. Allerhöchst dessen erlauchter Sohn, Seine Königliche Hoheit Prinz Ludwig von Bayern, widmet der Landwirtschaft ebenfalls das wärmste Interesse.

Das Königreich Bayern umfaßt eine Gesamtfläche von 7586465 ha oder 75864 qkm und besitzt eine Bevölkerung von 5594982 Einwohnern.

Es zerfällt in zwei räumlich getrennte Gebiete: das rechtsrheinische, begrenzt von Österreich (Vorarlberg, Tirol, Land Salzburg, Oberösterreich und Königreich Böhmen), von Preußen, Sachsen und den sächsischen Herzogtümern, von Hessen-Darmstadt, Baden und Württemberg, dann das linksrheinische, begrenzt von den Reichslanden, von Preußen und Rheinhessen, von dem benachbarten Baden durch den Rhein getrennt.

Das Königreich Bayern ist eingeteilt in acht Regierungsbezirke oder Kreise, nämlich

| | Einwohnerzahl | Flächeninhalt in Hektaren | Kreishauptstadt |
|---|---|---|---|
| Oberbayern . . . | 1 103 160 | 1 672 500 | Haupt- und Residenzstadt München |
| Niederbayern . . | 664 798 | 1 075 662 | Landshut |
| Pfalz . . . . . . | 728 339 | 592 796 | Speyer |
| Oberpfalz . . . | 537 954 | 966 173 | Regensburg |
| Oberfranken . . | 573 320 | 699 877 | Bayreuth |
| Mittelfranken . . | 700 606 | 757 385 | Ansbach |
| Unterfranken . . | 618 489 | 840 137 | Würzburg |
| Schwaben . . . | 668 317 | 981 932 | Augsburg. |

Jeder Regierungsbezirk bildet eine Kreisgemeinde. Jede Kreisgemeinde besitzt eine Vertretung, den Landrat. Der Landrat wird gebildet aus Vertretern der Distriktsgemeinden, aus Vertretern der Grundbesitzer, welche mindestens 25 fl. = 42 M. 85 Pf. Grundsteuersimplum entrichten, sowie aus Vertretern der Städte, Pfarreien und Universitäten.

Über die Bevölkerungsdichtigkeit gibt nachstehende Übersicht Aufschluß:

| Regierungsbezirke | Auf 1 qkm treffen Bewohner im Jahre 1837 | 1890 |
|---|---|---|
| Oberbayern . . . . | 40,0 | 66,0 |
| Niederbayern . . . . | 47,9 | 61,8 |
| Pfalz . . . . . . | 95,0 | 122,9 |
| Oberpfalz . . . . . | 46,6 | 55,7 |
| Oberfranken . . . . | 68,4 | 81,9 |
| Mittelfranken . . . | 67,0 | 92,5 |
| Unterfranken . . . . | 64,9 | 73,6 |
| Schwaben . . . . . | 56,3 | 68,1 |
| Königreich . . . . . | 56,5 | 73,7 |

Das rechtsrheinische Bayern dehnt sich als ein in südnördlicher Richtung langgestrecktes Viereck vom Nordfuße der Alpen bis in die Breite des Thüringer Waldes, von der oberen Donau und dem unteren Main bis zum Hausruck- und Fichtelgebirge — zwischen 47° 16' und 50° 33' n. Br. und zwischen 8° 59' und 13° 50' ö. L. von Greenwich — aus. Es wird durch die Donau in zwei Teile zerlegt, in das Land südlich der Donau oder Südbayern, und in jenes nördlich der Donau oder Nordbayern.

Das linksrheinische Bayern — die Pfalz — gehört dem Gebiete des oberrheinischen Tief- und Gebirgslandes an und liegt zwischen 48° 58' und 49° 49' n. Br. und 7° 4' bis 8° 30' ö. L. von Greenwich.

Das rechtsrheinische Bayern hat seine größten Bodenerhebungen im bayerischen Hochlande.

Durch das Thal des Hochrheines und den Bodensee sind die bayerischen Alpen von den schweizerischen, durch das Thal der Salzach von den österreichischen getrennt. Durch die tiefen Quereinschnitte des Lech und des Inn wird das bayerische Hochgebirge in drei Gruppen zerlegt: in die Algäuer, bayerischen und Berchtesgadener Alpen.

Von den herrlichen Gestaden des Bodensees bis an den Lech hin ziehen sich die Algäuer Alpen mit ihren reichen Triften und gewaltigen Felsengipfeln, unter denen die Mädelegabel mit 2643 m und der Hochvogel mit 2389 m hervorragen. Wo der Lech aus den Bergen in die Ebene hervorbricht, liegt ein Kranz schöner Berge; inmitten desselben erheben sich die Burgen Neu-Schwanstein und Hohenschwangau, die vielbewunderten Schöpfungen bayerischer Könige.

Zwischen Lech und Loisach erhebt sich das Ampergebirge mit Kreuzspitze (2190 m) und Säuling (2037 m). Von Loisach und Inn eingeschlossen, folgt das Wettersteingebirge, welches die Höhe der Schneegrenze übersteigt, mit der Zugspitze (2960 m), dem höchsten Berge

Bayerns und des deutschen Reiches. Nördlich zwischen Loisach und Walchensee liegt das Esterngebirge mit Krottenkopf (2097 m), Herzogstand und Heimgarten; dann schließt sich das Isarwinkelgebirge mit dem Scharfreiter (2097 m) an, während nördlich der Isar, jenseits der Jachenau, die langgestreckte Benediktenwand (1802 m) die Ebene abschließt.

Östlich der Isar bildet das zerklüftete Karwendelgebirge mit der Karwendelspitze (2346 m) und Soiernspitze (2212 m) den Grenzwall. Weiter nordöstlich zwischen Isar und Inn lagert sich das Mangfall- und Leizachgebirge mit dem Wendelstein (1840 m). Jenseits des Inns bis zur Salzach erheben sich die Berchtesgadener Alpen. Südlich vom Chiemsee erscheint das Priengebirge mit der Kampenwand, dann das Traungebirge mit dem Sonntagshorn (1692 m), Hochfelln und Stauffen, woran sich die gewaltige um Berchtesgaden und den Königssee gelagerte Hochgebirgsgruppe anschließt, welche als den höchsten Gipfel den Watzmann (2714 m) aufweist. Nach Nordosten vorgeschoben blickt der finstere, sagenumwobene Untersberg (1974 m) in das fruchtbare Salzachthal hinaus. Jenseits des Wimbachthales erhebt sich der Hochkalter (2608 m), während im äußersten Südost das Hagengebirge ansteigt und im Süden die Funtensee-Tauern zum steinernen Meere hinüberleiten.

Im Norden der Alpen breitet sich die schwäbisch-bayerische Hochebene, etwa 26000 qkm umfassend, bis zur Donau aus.

Durch die Mitte des nördlichen Bayerns zieht der Jura bis gegen Lichtenfels. Im nordöstlichen Oberfranken erheben sich die Bergzüge des Frankenwaldes, zugleich die Wasserscheide zwischen Rhein und Elbe. An seinem Südende liegt der Gebirgsstock des Fichtelgebirges, fast genau im Herzen Deutschlands und Europas gelegen, vier Gebirge und vier Flüsse nach den vier Windrichtungen entsendend.

Durch die östliche Oberpfalz und das nördliche Niederbayern zieht der Böhmerwald mit dem Arber (1457 m), Rachel, Lusen, Ossar und Dreisesselberg.

An der Westgrenze Mittelfrankens bildet die Frankenhöhe die Fortsetzung eines schon in Württemberg beginnenden Höhenzuges. Im Anschluß hieran erhebt sich in Unterfranken der Steigerwald mit den Haß- und Zeilbergen. Jenseits der oberen Saale ist das Rhöngebirge gelagert. In der letzten südlichen Ausbiegung des Mains ist der waldreiche Spessart eingebettet. Links des Maines hat Bayern noch Anteil am Odenwald.

Die Vorderpfalz im linksrheinischen Bayern bildet ein Glied der großen oberrheinischen Tiefebene. Das Haardtgebirge ist eine an Höhe abnehmende Fortsetzung der Vogesen. Von der Haardt singt ein pfälzischer Dichter:

Du stolze Haardt, wie strahlst du schön
In Sonnengold und Himmelsblau!
Von deinen segenschweren Höh'n
Blick ich hinab den weiten Gau.
Da winket her aus blauer Weite
Des deutschen Stromes Silberband
Und Städt' und Dom an seiner Seite —
Sei mir gegrüßt, mein Pfälzerland.

Der Donnersberg (mons Jovis) besitzt eine Höhe von fast 700 m und im Königsstuhl den herrlichsten Aussichtspunkt.

In geognostischer Beziehung gehört Bayern zu den an Mannichfaltigkeit reichsten Ländern.

Im ostbayerischen Gebirge finden wir den Gneiß und Granit, ebenso im Fichtelgebirge und im Rieskessel bei Nördlingen. Buntsandsteinschichten treten hervor am Haardtgebirge und am Spessart. Muschelkalk mit fruchtbaren Böden findet sich in der Pfalz und in Franken, Keuper in Ober-, Mittel und Unterfranken, sowie in der Oberpfalz.

Der Hauptstock des Frankenjura wird von kalkigen und dolomitischen Schichtsteinen gebildet. Die ersteren faßt man unter der Bezeichnung Jurakalk, die letzteren unter jener des Frankendolomits zusammen. Der Boden des Jura ist im allgemeinen fruchtbar, entbehrt indessen der Wasserläufe, welche nur am Fuße des Gebirges hervorbrechen. Der Jurakalk zerfällt an der Oberfläche leicht in ein Haufwerk von Schollen und Sperben, welche in Vermengung mit dem aus der gänzlichen Zersetzung des Gesteines hervorgegangenen braunen Lehm den Boden der Juraberge bilden.

Die höchsten und schroffsten Bergrücken und Spitzen unserer Alpen (Zugspitz, Wetterstein, Karwendel, Benediktenwand und Wendelstein) sind aus Kalkstein (Wettersteinkalk) gebildet. Diese Kalke führen an vielen Stellen Blei- und Zinkerze. Nur durch eine wenig mächtige Zwischenlage von weichen Mergelschichten (Raibler Schichten) getrennt, baut sich dann die Hauptmasse des Hochgebirges aus dolomitischem Schichtgestein, dem sog. Hauptdolomit auf, der den ganzen Zug unserer Kalkalpen vom Algäu bis zur Salzach beherrscht. Die sog. Eocängebilde sind nur im vordersten Zuge des Kalkalpengebietes da und dort entwickelt. Im ganzen Vorderzug des Gebirges herrscht der sog. Flysch vor, aus mergeligem Schiefer, grauen Sandsteinen und breccienartigen Schichten bestehend, der durch Verwitterung einen sehr fruchtbaren, weidenreichen und vortrefflichen Waldboden liefert. In dem flachen Alpenvorlande breiten sich bis zu den jenseitigen Donaubergen reichende, jüngere, graue, sandig-mergelige, selten konglomeratartige Gesteine aus, die man unter der allgemeinen Bezeichnung Molasse zusammenzufassen pflegt.

Das Königreich Bayern nimmt an vier großen Stromgebieten, nämlich dem Donau-, Rhein-, Elbe- und Wesergebiete Anteil. Der größte Teil Bayerns gehört dem Donau- und Rheingebiet an, nur kleinere Landesteile an der Nordgrenze entsenden Zuflüsse zur Elbe und Weser.

Der Thalrinne der südbayerischen Hochebene, der Donau, strömen Gebirgsflüsse mit raschem Gefälle und größtenteils hartem Wasser zu. Das Gefälle beträgt auf 1000 bei der Iller 2,19, Wertach 3,40, Lech 3,17, Ammer und Amper 3,72, Isar 2,27, Inn 3,00, Salzach 2,20. Die Isar hat im Stadtbezirke München allein ein Gefälle von 23 m. Die Donau hat ein Gefälle von nur 0,242—0,758.

Dagegen besitzen die linksseitigen Zuflüsse der Donau weniger Gefälle und weicheres Wasser. Das Gefälle auf 1000 beträgt bei der Wörnitz 0,61, Altmühl 0,44, Naab 1,18 und Regen 1,43.

Der Rhein hat ein Gefälle von 0,134 (bei Speyer) bis 0,327. Das Gefälle des Mains beträgt im Oberlauf 1,084 und sinkt bei Miltenberg auf 0,355.

In den Alpengebieten und im Gebirgsvorlande finden sich noch zahlreiche Seen. Die Voralp-Seen sind innerhalb der diluvialen Zeit entstanden oder vielmehr aus derselben übrig gebliebene Reste des Donausees.

Mehreren Gebirgsseen droht allmähliche Vermurrung, welcher durch Verbauung der Wildbäche in den oberen Regionen entgegengearbeitet wird.

Unter den Gebirgsseen ragt der Königssee durch majestätische Schönheit hervor. Der Chiemsee wird von der Achen gespeist, die in Tirol ihr Ursprungsgebiet besitzt. Reich an Naturschönheiten sind auch der Walchen-, der Kochel-, der Starnberger-, der Ammer- und der

Bodensee, auf dem sich Bayern, Württemberg, Baden, Österreich und die Schweiz begegnen.

Außerdem besitzt Bayern Moore im Umfange von 64 483 ha, und zwar teils Wiesenmoore, teils Hochmoore.

Hiernach ist der Wasserwirtschaft und der Kultur eine große Aufgabe gestellt.

Die Aufgabe beginnt schon im Ursprungsgebiet der Flüsse, wo die Abfuhr von Schutt und Geröll thunlichst verhindert werden muß. Zu diesem Zwecke wurden im Regierungsbezirke von Schwaben und Neuburg und von Oberbayern umfassende Wildbachverbauungen ausgeführt. Ferner sind viele kostspielige Korrektionen notwendig, um den Lauf der Gebirgsströme zu regeln und ihre Tiefergrabung zu fördern. Hiezu kommen noch die Uferschutzbauten zum Schutze der anliegenden Gelände vor Überschwemmung.

In den Mooren (Mösern, Filzen), den letzten Rückständen des gewaltigen Donauseebeckens, schreiten die Entwässerungsarbeiten vorwärts, während in zahlreichen Thalgebieten die Bewässerung den Wiesenertrag steigert.

In Franken ist es häufig nicht der Überfluß an Wasser, sondern der Mangel an solchem, den man bekämpft. Man ist hier zur Überzeugung gelangt, daß auf den Höhen jede fernere Waldabschwendung unterbleiben und daß in den Ursprungsgebieten der Flüsse die Sandabschwemmung verhindert werden muß. Die steigende Inanspruchnahme des Wassers durch Industrie und Landwirtschaft führt dazu, daß man durch Anlegung von Sammelweihern in den höheren Regionen der Flußgebiete gleichmäßigere Wasserstände herbeizuführen bestrebt ist.

Zur Verbesserung der Wasserstandsverhältnisse hat sich in Mittelfranken ein großer Verein gebildet, der eine billige Verteilung des Wassers zwischen Industrie und Landwirtschaft zu erleichtern beabsichtigt und für thunlichste Regelung der Wasserwirtschaft wirkt.

Was die Temperaturverhältnisse anbelangt, so besitzt

| | bei einer Höhe von | eine mittlere Jahrestemperatur von |
|---|---|---|
| Speyer . . . . | 105 m | 9,8° |
| Passau . . . | 309 „ | 8,6° |
| Regensburg . . | 320 „ | 8,4° |
| Aschaffenburg . | 136 „ | 9,2° |
| München . . . | 519 „ . | 6,9° |

Die Niederschlagsmengen nehmen in der Richtung gegen das Gebirge hin zu, und es erreicht an einzelnen Punkten des Gebirgs die Niederschlagshöhe 2000 mm. Vom Nordrande Bayerns bis zum Alpenkamme gegen Süden fortschreitend, verdoppelt sich auch die Häufigkeit der Gewitter.

Die Schneemenge nimmt gleichfalls mit steigender Höhenlage zu.

---

## II. Besitz- und Lohnverhältnisse.

Von der Gesamtbevölkerung Bayerns gehören 1287704 oder 23% der städtischen Bevölkerung und 4307278 Seelen oder 77% der ländlichen Bevölkerung an. Die Zunahme der städtischen Bevölkerung seit 1840 beträgt 134%, die der ländlichen nur 12%. Auf einen Quadratkilometer treffen auf dem Lande in:

| | | | |
|---|---|---|---|
| Oberbayern | 43 Seelen, | Oberfranken | 69 Seelen, |
| Niederbayern | 57 „ | Mittelfranken | 60 „ |
| Pfalz | 105 „ | Unterfranken | 65 „ |
| Oberpfalz | 50 „ | Schwaben | 54 „ |

Bayern besitzt 681521 Haushaltungen mit landwirtschaftlich benutztem Besitze (Wald nicht eingerechnet). Die von diesen Haushaltungen aus bewirtschaftete landwirtschaftliche Gesamtfläche beträgt 4305411 ha.

Es betrug

| In | Die Zahl der Wirtschaften mit landwirtschaftlichem Betrieb. | Die Gesamtsumme der landwirtschaftlich bewirtschafteten Fläche. |
|---|---|---|
| Oberbayern . . . | 98 296 | 913 166,76 ha |
| Niederbayern . . . | 83 891 | 687 130,33 „ |
| Pfalz . . . . . . | 107 124 | 307 590,66 „ |
| Oberpfalz . . . . | 65 867 | 519 380,18 „ |
| Oberfranken . . . | 69 241 | 397 248,74 „ |
| Mittelfranken . . . | 71 706 | 441 025,28 „ |
| Unterfranken . . . | 97 668 | 454 244,65 „ |
| Schwaben . . . . | 87 328 | 585 624,98 „ |

Der durchschnittliche Besitz einer Haushaltung an landwirtschaftlich benutztem Areal beträgt in

| | | | |
|---|---|---|---|
| Oberbayern | 9,29 ha | Mittelfranken | 6,15 ha |
| Niederbayern | 8,19 „ | Oberfranken | 5,74 „ |
| Oberpfalz | 7,89 „ | Unterfranken | 4,65 „ |
| Schwaben | 6,68 „ | Pfalz | 2,87 „ |

Von den vorhandenen Betrieben gehören 25,5 % zu den kleinsten (mit weniger als 1 ha), 55,1 % zu den kleinen (1—10 ha), 19,3 % zu den mittleren (10—100 ha) und nur 0,1 % zu den großen Betrieben.

In Bayern bestehen nur 100 eigentliche Familienfideikommisse mit einem Grundbesitze von 85282 ha.

Wenn man diese Besitzverhältnisse überblickt, so muß man zugestehen, daß sie im allgemeinen nicht ungünstig sind. Es ist ein tüchtiger landwirtschaftlicher Mittelstand vorhanden, der im allgemeinen einen den Boden- und klimatischen Verhältnissen entsprechenden Besitz hat. Wo die Parzellierung weiter vorgeschritten ist, wie in Unterfranken und der Pfalz, findet intensive Bewirtschaftung und der Anbau von Handelsgewächsen statt. Wo dagegen die Viehzucht und extensive Wirtschaft vorherrscht, wie in den Landesteilen südlich der Donau, ist der Besitz des Einzelnen größer.

Wenn man die landwirtschaftlichen Verhältnisse Bayerns richtig beurteilen will, muß man diese Thatsachen im Auge behalten. Damit hängt es auch zusammen, daß in Bayern die Bewirtschaftung des Anwesens durch die Familie des Eigentümers und nach Umständen unter Zuziehung von einem Dienstboten die Regel, die Wirtschaft mit Taglöhnern die Ausnahme bildet.

In Bayern sind vorhanden:

| | |
|---|---|
| selbständige Landwirte . . . . . . . | 403 961, |
| selbständige Landwirte und zugleich Taglöhner . . . . . . . . . . . . | 52 409, |
| Verwaltungspersonal . . . . . . . . | 595, |
| in der Landwirtschaft beschäftigte Familienangehörige . . . . . . . . . . . | 550 787, |
| Knechte und Mägde . . . . . . . . | 353 132, |
| Taglöhner ohne selbständigen Landwirtschaftsbetrieb . . . . . . . . . . | 129 608. |

Wir haben in Bayern die sog. Sachsengängerei nur im geringen Maße. Immerhin verursacht die Ernte oft außerordentliche Zuzüge von Arbeitern. Vom Böhmerwald, wo die Ernte erst später stattfindet, steigen die Arbeiter im Juli in die reiche niederbayerische Ebene hinab, um dort bei der Getreideernte auszuhelfen und ihre Sichel zu vermieten.

Während der Hopfenernte erscheinen im Spalter Lande und in der Hallertau zahlreiche Züge von

Arbeitern, welche beim Hopfenpflücken verwendet werden. Selbst die ärmere städtische Bevölkerung verschmäht es nicht, sich zu beteiligen.

Die Löhne der landwirtschaftlichen Arbeiter sind Ende der 60er und anfangs der 70er Jahre erheblich gestiegen und dann auf dieser Höhe verblieben.

Für männliche Dienstboten beträgt der Lohn 150 bis 200 M. des Jahres und der Anschlag der Kost 300 M., für weibliche Dienstboten ist ein Lohn von 100—130 M. üblich; die Kost wird auf 250 M. angeschlagen.

Neben Kost und Lohn erhalten die Dienstboten vertragsgemäß oft auch Schuhe und Kleider.

Die Mehl- und Schmalzkost wird mehr und mehr durch die Fleischkost, die Milch durch das Bier verdrängt.

Die Mahlzeiten sind sehr verschieden. In Oberbayern halten die Dienstboten häufig fünf Mahlzeiten: Frühstück (aufgeschmalzene Suppe, Brennsuppe, Milch-, Mehlsuppen mit Brot), vormittags gibt es Schwarzbrot mit Kartoffeln, Nachbier (Scheps) mit Brot, mittags Knödel, Rindfleisch und Sauerkraut, im Sommer Salat, statt frischen Fleisches oft nur Geräuchertes, nachmittags Roggenbrot mit Nachbier, auch Kartoffel, oder Milch mit Brot, abends kräftige Mehl- und Schmalzspeisen, Schmalznudeln aller Art. Dr. Henkel in Erding berechnet für einen landwirtschaftlichen Dienstboten: Eiweiß 153,6, Fett 103,9, Kohlehydrate 776,4; nach einer andern Berechnung ist der tägliche Konsum von Eiweiß 214,4, Fett 81,5, Kohlehydrate 812,0. Dr. v. Ranke berechnet bei reiner Schmalzkost auf den Mann und Tag: Eiweiß 143 g, Fett 108 g und Kohlehydrate 788 g.

Die Löhne für Taglöhner betragen zwischen 1 M. bis zu 2 M. 30 ₰. In den Gebirgsgegenden sind die Taglöhne meist höher (2 M.), während sie sich im übrigen Bayern niedriger (1 M. bis 1 M. 50 ₰) stellen.

Die Auswanderung ist keine erhebliche. Sie betrug im Jahre 1890 immerhin 26919 Personen, wovon 15810 Personen auf die am dichtesten bevölkerte Pfalz entfallen.

## III. Landwirtschaftliches Familien- und Erbrecht.

Der bäuerliche Grundbesitz ist im rechtsrheinischen Bayern regelmäßig im Miteigentume beider Ehegatten. Es wird dies herkömmlicher Weise entweder im Ehevertrage bestimmt, welcher zumeist noch vor der Eheschließung von den Verlobten errichtet wird, oder noch häufiger durch einen Gutsübergabevertrag, welcher in der Regel erst dann geschlossen wird, wenn der in Aussicht genommene Gutsübernehmer eine den Übergebern genehme Braut gefunden hat und das Gut mit Inventar auf die beiden Brautpersonen übertragen werden kann.

Die Bauerstochter begnügt sich nicht, einfach die Gehilfin des Bauerngutsbesitzers durch die Ehe zu werden, sondern sie beansprucht das Miteigentumsrecht am Besitztume des Ehegatten und zwar mit der Rechtsfolge, daß sie im Falle seines Vorablebens Alleineigentümerin des Gutes wird.

Während der Dauer der Ehe ist dem bayerischen Bauern jede rechtsgeschäftliche Verfügung über die Grundstücke, insbesondere bezüglich der hypothekarischen Belastung derselben, nur unter Zustimmung der Ehefrau möglich.

Ehelose Bauerngutsbesitzer sind selten. Es kommt auch nur ausnahmsweise vor, daß nach Ableben der Eltern die vorhandenen Kinder das nicht schon zu Lebzeiten der Eltern übergebene Gut im ungeteilten Eigentume gemeinschaftlich behalten und bewirtschaften (sog. Kommunhausung). Meist wird in solchen Fällen das Gut durch Erbteilungsvertrag auf Eines der Geschwister zu ganz übertragen. Die Realteilung ist nur in der Pfalz und in Unterfranken üblich, wo sie zur Verkleinerung des Grundbesitzes geführt hat.

Stirbt der eine oder andere der Ehegatten mit Hinterlassung von Kindern — kinderlose Bauerseheleute gehören zu den Ausnahmen —, so tritt der überlebende Eheteil in das Alleineigentum des Gutes mit Inventar. Den Kindern wird jedoch der ihnen nach Gesetz oder Vertrag gebührende Erbteil (gewöhnlich die Hälfte oder ein Drittel des ganzen reinen Vermögens) im Geldkapitalsbetrage auf dem Anwesen hypothekarisch versichert. Wenn aber besondere Umstände, wie vorgeschrittenes Alter, Krankheit, Schuldenlasten u. dgl. es angemessen erscheinen lassen, wird sofort das Besitztum an ein heiratsfähiges Kind übergeben.

Schreitet der überlebende Ehegatte zur Wiederverehelichung, so nimmt er regelmäßig den neuen Ehegatten in das Miteigentum des Gutes auf, jedoch gewöhnlich mit der Beschränkung, daß das Gut im Falle seines Ablebens einem Sohne aus der durch den Tod gelösten vorigen Ehe unter annehmbaren gegendüblichen Bestimmungen übergeben werden muß und deshalb einem zweiten Ehegatten nicht anverheiratet, d. h. zum Miteigentum eingeräumt werden darf.

Kinderlose Bauerngutsbesitzer, sowohl Ehegatten als auch ledige, pflegen im vorgerückten Alter einen Abkömmling eines Seitenverwandten an Kindesstatt anzunehmen und demselben teils schon zu ihren Lebzeiten das Gut im Vertragswege zu übergeben, teils erst durch letztwillige Verfügung nach ihrem Tode zu hinterlassen.

Der Übergang des bäuerlichen Grundbesitzes im Erbwege ist viel seltener als die Übertragung durch den sog. **Gutsübergabevertrag**. Soferne nicht vorzeitige Todesfälle eine andere Regelung herbeiführen, pflegen die Eltern gewöhnlich im Alter von 60—65 Jahren das Gut einem Kinde abzutreten, wobei die Übergeber sich selbst den Lebensunterhalt und den außer dem Übernehmer noch vorhandenen Kindern das entsprechende Elterngut als Gegenleistung des Gutsübernehmers ausbedingen. So wird es gehalten bezüglich der eigentlichen Bauerngüter, worunter das altbayerische Landvolk Höfe nicht unter 10,5 ha versteht. Aber auch die kleineren ländlichen Besitzungen, deren Eigentümer „Gütler“, „Söldner“ oder „Häusler“ genannt werden, unterliegen der gleichen Behandlung. In den älteren bayerischen Provinzen ist landwirtschaftlicher Grundbesitz, namentlich in Märkten und kleineren Städten, häufig mit Bierbrauerei-, Gastwirtschafts-, Mühl-, Gerber-, Metzger- oder sonstigen Gewerben verbunden; wo solcher Besitz vorkommt, wird er im wesentlichen ganz nach Art des ländlichen Grundbesitzes vererbt oder durch den Gutsübergabevertrag übertragen.

Die Heimat ist dem Bayern über alles teuer, der Familie die Heimat zu sichern und zu erhalten, ist sein Bestreben. Vertrags- und Erbrecht richten sich daher immer darauf, den altgewordenen Besitzern eine Heimat und ihr Auskommen im Alter zu erhalten, den Geschwistern und Kindern die Heimat bis zur Versorgung zu sichern.

Im nachstehenden folgt ein Übergabevertrag, wie er häufig geschlossen wird und daher als typisch gelten darf:

## Bauernguts-Übergabevertrag.

Vor dem k. Notar N. N. in X. erschienen heute den zehnten Februar eintausendachthundertdreiundneunzig im Amtszimmer:

I. Joseph Weindl und Maria Weindl, letztere eine geborene Obermaier, Bauerngutsbesitzersehegatten in Manholding;

II. der Vorigen vier eheliche, bereits volljährige Kinder

1. Simon Weindl, noch ledig im Elternhause;
2. Maria Radlbrunner geborene Weindl, Bauersehefrau in Stefanskirchen,
3. Sebastian Weindl, verheirateter Gütler in Ranerting, und
4. Anna Weindl, noch ledig im Elternhause,

III. die Braut des Gutsübernehmers Theresia Auer im zwanzigsten Lebensjahre stehende, noch ledige Bauerstochter in Anhaltsberg;

IV. der Vater und gesetzliche Vertreter der Braut, Georg Auer, Bauer in Anhaltsberg; endlich

V. der Ehegatte obiger Tochter, Franz Radlbrunner in Stefanskirchen;

welche Erschienene sämtlich dem Notar nach Namen, Stand und Wohnort bekannt sind und ihn um Beurkundung des nachstehenden Guts-Übergabevertrages ersuchten:

Erstens: Die Ehegatten Joseph und Maria Weindl übergeben im Wege der gegendüblichen bäuerlichen Gutsabtretung ihr durch Kaufbrief des damaligen Landgerichts N. vom 12. Januar 1860 erworbenes und gemäß Ehevertragsurkunde des amtierenden Notars vom 5. Juli 1862 Geschäftsregister Nummer 25 in allgemeiner ehelichen Gütergemeinschaft besitzendes, in der Steuergemeinde J. Amtsgerichts N. Rentamts M. gelegenes sogenanntes Mittermaier-Bauerngut Hausnummer 14 in Manholding, bestehend aus den im Hypothekenbuche für J. Band I Seite 182 näher beschriebenen, auf Grundsteuerkataster Seite 54 vorgetragenen Gebäuden und Grundstücken Plannummer 34, 35, 40, 43, 44, 46, 48, 50, 51a, 51b, 52, 53, 67, 68, 69, 70a, 70b, 70c, 93, 96, 101 und 118 mit zusammen 23,291 Hektar (dreiundzwanzig Hektar, neunundzwanzig und ein Zehntel Ar) Flächengehalt, welches Anwesen zum Zwecke der Vertragskostenberechnung auf vierundzwanzigtausend Mark (24 000 ℳ) gewertet wird, mit allen Rechten und dinglichen Lasten, insbesondere auch den Grunddienstbarkeiten und staatlichen Gefällsbodenzinsen, ohne Gewährleistung des im Grundsteuerkataster angegebenen Flächenmaßes, dann alle beim vorbezeichneten Gute zur Zeit vorhandenen lebenden und toten Haus- und Baumannsfahrnisse, sowie Getreide-, Viehfutter- und sonstigen Vorräte im Wertanschlage von 6 000 ℳ (sechstausend Mark) ohne Mängelgewähr, an den Sohn Simon Weindl und dessen Braut Theresia Auer zum gemeinschaftlichen Eigentum und gleichen Anteilen und zum sofortigen Besitze unter dem Antrage auf Umschreibung der Liegenschaften auf die Übernehmer im Kataster sowie auf Besitztitelberichtigung im Hypothekenbuche, wobei die Übernehmer, um letztere nicht aufzuhalten, die aus ihr entstehende dingliche Haftung für die nach Angabe der Übergeber längst durch Zahlung löschungsreif gewordenen Hypotheken für die Geschwisterte des Übergebers, nemlich Paul, Michael und Cäcilia Weindl, auf sich nehmen.

Bemerkt wird, daß zu den Vertragsgegenständen nicht gehören: die im übergebenen Hause befindlichen als Aussteuer der Tochter Anna Weindl bestimmten Sachen, sowie die für den persönlichen Bedarf der beiden Übergeber erforderlichen, zur Zeit in der oberen Stube des vertragsgegenständigen Hauses aufbewahrten Wohnungseinrichtungsgegenstände.

Zweitens. Die Gutsübernehmer Simon Weindl und Theresia Auer verpflichten sich Eines für das Andere zu folgenden Gegenleistungen und rechnen das ihnen gegenüber dem Werte der Übergabegegenstände durch diesen Vertrag zugewendete Reinvermögen als Elterngutsabfindung für Ersteren sich an.

I. Zunächst haben sie folgende Schulden der Übergeber mit persönlicher Haftung für Haupt- und Nebensache, insbesondere auch alle laufenden und etwa rückständigen Zinsen zu übernehmen:

Fünftausend Mark (5000 ℳ) Annuitäten-Hypothekkapital der bayerischen Hypotheken- und Wechselbank in München, wobei die seitherige Kapitalstilgung den Gutsübernehmern zufällt;

eintausendfünfhundert Mark (1 500 ℳ) unverzinsliches Elternguts-Hypothekkapital der krüppelhaften, zur Zeit fünfundsechzig Jahre alten Bauerstochter Magdalena Weindl in Manholding, welche beim übergebenen Gute nach Vertrag vom 1. Mai 1883 abzunähren ist, wogegen auf ihr Ableben das bezeichnete Kapital den Gutsübernehmern heimfällt, eine Verbindlichkeit zur Herauszahlung desselben an die Erben der Gläubigerin sohin nicht besteht;

fünfhundert Mark (500 ℳ) Kurrentdarlehen des Bauers Vitus Steghammer in Rocksdorf; endlich

vierhundert Mark (400 ℳ) Pferdekaufschilling des Gastwirtes Anton Stangl in Mößling.

Sollten noch weitere Schulden der Übergeber bestehen, wären sie von diesen selbst zu vertreten ohne Rückgriff auf die Übernahme.

II. An die Übergeber Ehegatten Joseph und Maria Weindl haben Übernehmer zu leisten:

Zweitausend Mark (2000 ℳ) Zehrpfennigskapital, welches unverzinslich und auf Verlangen der Übergeber zu bezahlen ist mit Ausnahme des Betrages von fünfhundert Mark (500 ℳ), welchen Übernehmer erst beim Tode der Übergeber zur Deckung der Beerdigungskosten gleichheitlich herauszuzahlen haben, wozu noch bestimmt wird, daß auf den zu Lebzeiten zahlbaren Kapitalsbetrag jedes der beiden Übergeber solidarischen Anspruch, sohin der beim Ableben des einen Teils nichtverbrauchte Zehrpfennig dem überlebenden Teile verbleibt und nicht zur Nachlaßmasse des ersteren gezogen werden darf, und daß ferner der auf Ableben der beiden Übergeber nicht aufgebrauchte Zehrpfennig den Gutsübernehmern als weitere Vergünstigung anheimfallen soll, sofern nicht durch letztwillige Verfügung, welche dem überlebenden Übergeberteile ausdrücklich gewahrt bleibt, ein anderes bestimmt werden wird; dann auf Lebensdauer der Übergeber:

a) die freie Wohnung im übergebenen Hause und zwar im Kaminzimmer nebst anstoßendem Stübchen und einer weiteren Kammer, welche Räumlichkeiten mit Einschluß des Kochofens fortwährend in gutem Stande zu erhalten sind; sollten Übergeber ihren Wohnsitz nach einem anderen Orte verlegen, hätten sie von den Übernehmern jährlich fünfzig Mark (50 ℳ) Herberggeld in vorauszahlbaren Quartalsraten anzusprechen;

b) in Krankheitsfällen auf die jedesmalige ganze Krankheitsdauer die erforderliche Wart nebst Ersatz der Kosten für Arzt und Apotheke, welche Leistung zum Zwecke der Vertragsgebührenberechnung und zugleich der hypothekarischen Sicherstellung einjährig auf dreißig Mark (30 ℳ) veranschlagt wird, endlich

c) Nahrung, Kleidung, Wäsche und sonstige Gegenstände des standesmäßigen Lebensunterhaltes, oder dafür nach Wahl der Übergeber folgende in ihre Wohnung, wenn sie nicht mehr als zehn Kilometer von Manholding entfernt ist, unentgeltlich zu liefernde, stets im voraus zu entrichtende, durch den Tod des einen oder anderen der beiden Übergeber eine Minderung nicht erleidende, einjährige auf vierhundert Mark (400 ℳ) veranschlagte Austragsreichnisse und zwar:
jährlich: drei Hektoliter Weizen, fünf Hektoliter Korn, zwei Hektoliter Kartoffel, zwanzig Liter Erbsen, den dritten Teil des bei obigem Anwesen wachsenden Obstes, zwanzig Flachsreißeln, dreißig Gabisköpfe, vierzig Liter weiße Rüben, sechsundzwanzig Kilo Rindschmalz, fünfundzwanzig Kilo Kochsalz, ein gemästetes junges Schwein (Frischling) im Fleischgewichte von fünfzig Kilo, drei gemästete junge Gänse samt den Federn, fünf Kilo gebrannte Kaffeebohnen, zwölf Kilo Zucker, neun Ster Föhrenscheiter, einhundert Wiedbündel (Reisig), sechs Kilo Petroleum, ein Kilo Unschlittkerzen, fünf Kilo Seife, zwei Kilo Schweinsfett (Schuhschmiere), an jedem der fünf höchsten Kirchenfesttage ein Kilo Rindfleisch und zwei Kilo Kalbfleisch,

endlich für jedes der beiden Übergeber zwei neue leinene Hemden und ein Paar neue Lederstiefel nebst einem Paar Pantoffel, ferner

alle Quatember: zwölf Mark baar, und

alle Tage: von Georgi bis Michaeli zwei Eier und zwei Liter süße Kuhmilch, während der übrigen Jahreszeit ein Ei und einen Liter Milch, welche Lebensmittelgegenstände jedoch im Falle Wohnsitzverlegung der Übergeber nach den am jeweiligen Wohnsitze derselben geltenden Marktpreisen in Geld allmonatlich vergütet werden können;

außerdem ist den Übergebern alle zwei Jahre ein neues Gewand für deren Betten und ein vollständiger ordentlicher Anzug für ihre Person zu liefern, auch haben denselben die Übernehmer zwei Mutterschafe im Futter zu halten ohne Anspruch auf einen Schäferkostenbeitrag, endlich ist den Übergebern von den Übernehmern das Speisegetreide in die Mühle und das Mehl von dort in ihre Wohnung zu bringen, auch das Hausbrotbacken, das Kleinmachen des Brennholzes und die Reinigung nebst Ausbesserung der Kleider, sowie der Leib- und Bettwäsche zu besorgen, und auf Verlangen, jedoch nicht öfter als jährlich viermal das zu eintägiger Reise erforderliche Fuhrwerk mit verlässigem Kutscher zur Verfügung zu stellen.

Zur Sicherung der Übergeber wird Eintragung aller ihrer vorbestimmten Ansprüche und zwar der wiederkehrenden Leistungen mit den beigefügten Wertansätzen in der dritten Abteilung des für den vertragsgegenständigen Grundbesitz bestehenden Hypothekenbuchblattes bewilligt und beantragt.

III. An die drei abzufindenden Kinder der Übergeber haben Übernehmer zu leisten und zwar:

1. an Maria Radlbrunner als Ergänzung ihres bereits bei Verehelichung empfangenen Elterngutes eintausend Mark (1000 ℳ), welche am Hochzeitstage der Übernehmer zu bezahlen und bis dahin nicht zu verzinsen sind, womit Maria Radlbrunner unter Zustimmung ihres Ehegatten

und unter ausdrücklichem Verzichte auf hypothekarische Sicherstellung zufrieden ist; die Übernehmer unterwerfen sich aber in Ansehung dieses von ihnen zu bezahlenden Elterngutsergänzungskapitals der sofortigen Zwangsvollstreckung;

2. an Sebastian Weindl nichts mehr, da derselbe mit seinen Elterngutsansprüchen bereits vollständig abgefunden zu sein erklärt;

3. an Anna Weindl ein Elterngutskapital von fünftausend Mark (5000 M), welches vom Hochzeitstage der Übernehmer angefangen jährlich mit zwei vom Hundert zu verzinsen und im Falle ihrer Verehelichung sofort, außer diesem Falle aber nach ihrem Eintritt in das vierzigste Lebensjahr auf Verlangen unter Gewährung einer dreimonatlichen Kündigungsfrist zu bezahlen ist, ferner im Falle ihre Verehelichung die zweitbeste Kuh aus dem Stalle der Übernehmer oder hiefür nach Wahl der Berechtigten zweihundert Mark (200 M) bar, dann zur Beschaffung der hochzeitlichen Kleidung zweihundert Mark (200 M) und eine auf vierhundert Mark (400 M) veranschlagte Naturalausfertigung bestehend aus einem zweischläfrigen Bette mit doppelter Bettwäsche und ordentlich angestrichener Bettstätte, zwei einschläfrigen Betten mit doppelter Bettwäsche und zwei Bettstätten aus weichem ordentlich lackierten Holze, einem zweithürigen Kleiderkasten, einem Kommodkasten, einem Gläserkasten, einer Truhe, einem Tische, vier gepolsterten Sesseln, einem Fußschemmel, einem Schlüsselkorbe und einem Spinnrade, sowie zwanzig Meter Getreidesackleinwand, sodann die auf fünfzig Mark (50 M) veranschlagte Verköstigung und Verlöhnung der mit Herstellung der Hochzeitskleidung zu beschäftigenden Handwerksleute, sowie die auf zwölf Mark (12 M) veranschlagte Verbringung der Ausfertigungsgegenstände (sog. Kammerwagen) an den seinerzeitigen Niederlassungsort, endlich auf die Dauer ihres ledigen Standes, jedoch nur solange, als sie ihr vorbestimmtes Elterngutskapital zum bedungenen Zinsfuße liegen läßt, in Dienstlosigkeits- und Krankheits-

fällen den freien Unterschluf im übergebenen Hause, sowie in letzteren Fällen, sofern nicht auf Grund der gesetzlichen Krankenversicherung die Verpflegung beansprucht werden kann, die erforderliche Wart, Pflege, Krankenkost und ärztliche Hilfe einschließig der Arzneien auf jedesmalige Krankheitsdauer jedoch nicht über vier Wochen hinaus, welche Unterschlufs- und Krankenfallsansprüche einjährig auf zwanzig Mark (20 ℳ) veranschlagt werden.

Anna Weindl ist mit diesen Bezügen und Ansprüchen zufrieden und beantragt unter Einwilligung der Übernehmer, daß das Elterngutskapital mit den übrigen Ansprüchen auf dem übergebenen Anwesen im Hypothekenbuche eingetragen werde.

Drittens: Der Vater der Übernehmerin gibt zu diesem Vertrage seine Einwilligung und verspricht, derselben an ihrem Hochzeitstage außer einer standesmäßigen Naturausfertigung ein vorläufiges Elterngut von fünftausend Mark (5000 ℳ) zu geben, solches aber noch um mindestens ein Drittel aufzubessern, wenn er sein Bauerngut an einen seiner Söhne übergeben wird, sofern bis dahin seine Vermögenslage durch Unglücksfälle eine erhebliche Verschlechterung nicht erfahren wird.

Viertens: Die Kosten dieser Urkunde, von welcher den Übernehmern und den Übergebern beglaubigte Abschrift erteilt werden soll, bezahlt der Vater der Übernehmerin-Braut.

Fünftens: Nachträglich verpflichten sich die Gutsübernehmer noch, an den Tagen, an welchen nach Ortssitte Kücheln für das Hausgesinde gebacken werden, jedesmal sechs Stück von jeder Küchel-Sorte den Übergebern zu verabreichen, sowie von dem jedesmaligen Hausbrotgebäcke einen weißen Laib.

Sechstens: In Ansehung der seinerzeitigen Leichenfeierlichkeiten für die Übergeber wird bestimmt, daß die Beerdigung mit den ortsüblichen drei Seelengottesdiensten zu veranstalten und den hiebei sich einfindenden Verwandten und Befreundeten ein Gastmahl mit Suppe, Voressen (Ragout), Rindfleisch und Schweinsbraten nebst Bier und Brot nach Belieben in einem Wirtshause zu bereiten ist. Sollten die Kosten hiefür nicht mehr aus dem obenbestimmten Zehrpfennigskapitale gedeckt werden können, so hätten die Gutsübernehmer für dieselben aufzukommen, was auch in Ansehung des Grabdenkmals gilt, welches aus Granitstein für beide Übergeber gemeinsam mit einem Kostenaufwande von nicht unter dreihundert Mark errichten zu lassen ist.

Hierüber wurde gegenwärtige Urkunde errichtet und solche auf Vorlesen und Inhaltgenehmigung von allen Beteiligten sowie von dem amtierenden Notar unterschrieben.

---

## IV. Bewirtschaftung des Bodens.

Die Wirtschaftsweise schließt sich den Bodenverhältnissen thunlichst an. In dem größten Teile Bayerns ist der Getreidebau vorherrschend, in den Alpengegenden und im Vorlande der Alpen überwiegt die Futterproduktion. Im Algäu ist die reine Graswirtschaft zur Regel geworden. Vom Lech bis zur Salzach wird die Eggartenwirtschaft getrieben. Die Eigentümlichkeit dieser Wirtschaft besteht in der abwechselungsweisen Benutzung des pflugfähigen Landes zum Getreidebau und zur Grasgewinnung, ohne daß eine Aussaat von Gras- oder Kleesamen stattfinden muß. Dieses Wirtschaftssystem gründet sich auf den Mangel an guten Thalwiesen bei zu engen Flußthälern und zu starkem Gefälle der Alpenflüsse, auf das rauhere Klima, das den Anbau anderer Pflanzen, auch der Cerealien etwas gefährdet oder ihr Gedeihen unsicher macht, auf die reichen Niederschläge, welch eine rasch sich neu bildende Decke perennierender Gräser erzeugen. Obwohl häufig noch Wintergetreide und noch öfter Sommergetreide gerät, so gehört doch der sichere Ertrag dem Graslande. Unsere Eggartenwirtschaft hat bekanntlich ihren Doppelgänger in der holsteinischen Koppelwirtschaft, welche infolge des feuchten Küstenklimas, sohin aus denselben Gründen entstand. Eigentlich ist die Eggartenwirtschaft eine Wechselwirtschaft zwischen Wiesen- und Getreideland, wobei alles Land, das nicht etwa bewässerte Wiese ist, einige Jahre mit Getreide, dann ebenso lang oder noch viel länger als Wiese oder Weide liegen bleibt.

Im Berchtesgadener Land baut man z. B. im ersten Jahre Roggen, auch Weizen, im zweiten ebenso und läßt das Grundstück dann drei bis fünf Jahre zu Eggart liegen. Im Bezirke Füssen ist die Folge: 1. Haber, 2. Sommerroggen, 3. Gerste, 4. Haber, dann fünf bis neun Jahre Eggarten.

In Schwaben fallen die arrondierten (Vereinödung!) Güter in die Region der Eggartenwirtschaft, und es ist nicht ohne Interesse zu sehen, wie die Gunst der Lage die verbesserte Dreifelderwirtschaft in nahe Verbindung mit den Eggarten zu bringen im stande war. Gewöhnlich wird hier nach sieben- bis achtjähriger Benutzung eines Grundstückes zum Getreide- und Fruchtbau dasselbe im letzten Jahre mit Haber eingesäet, dessen Stoppeln beim Abschneiden der Ernte hoch stehen bleiben, worauf das Feld umgerissen, möglichst geebnet und durch Einsäen von Heublumen oder Kleesamen wieder zur Wiese niedergelegt wird. Als solche wird dasselbe gut gedüngt, jährlich zweimal gemäht und nach der Grummeternte beweidet. Nach sieben- bis achtjähriger Benutzung als Wiese wird das Grundstück neuerdings umgebrochen und der Turnus mit Getreide- und Fruchtbau neuerdings begonnen.

In Oberbayern hält man längere Eggarten und hilft mit Dünger von Laub- und Aststreu, sowie durch Odeln nach.

In den höheren Gebirgslagen findet die Alpenwirtschaft statt. Man unterscheidet Unteralpen, Mittelalpen und Oberalpen (Hochalpen, Hochleger). Die ersten liegen den Gehöften zunächst und werden im Frühjahre und vorzüglich im Herbst von allen Arten von Nutztieren begangen, besonders von Pferden. Die Mittelalp ist der Hauptplatz für das Rindvieh, die Oberalp gehört vorzüglich den Ziegen und Schafen, obgleich auch das Rindvieh im Hochsommer dahin gelangt. Man unterscheidet ferner Galtalpen (für Jungvieh) und Sennalpen (für Melkvieh). Im Hochland wird das Milchvieh fast ausschließlich auf der Weide ernährt.

Anschließend an die weit in die Ebene vorgedrungene Eggartenwirtschaft beginnt sodann die Region des eigentlichen Körnerbaues, welcher sich über das ganze Königreich erstreckt und meistens im System der Dreifelderwirtschaft oder auch der Fruchtwechselwirtschaft betrieben wird. Die Dreifelderwirtschaft enthält die Brache, den Winterbau und den Sommerbau.

Ein Teil der Brache wird häufig mit Hackfrüchten und Klee gebaut. Die jetzige Dreifelderwirtschaft kann eine Sechs- oder Neunfelderwirtschaft genannt werden, je nachdem die Brache zur Hälfte oder zu einem Drittel mit Klee bestellt wird. Nicht selten ist folgender Umlauf: 1. Jahr Mengfutter, Kartoffeln, Hackfrucht (gedüngt), 2. Jahr: Winterfrucht, meistens Korn (Roggen), 3. Jahr: Gerste oder Haber mit Rotklee, 4. Jahr: Rotklee, 5. Jahr: Weizen, 6. Jahr: Haber oder Gerste.

Oder:

1. Jahr: Brache, gedüngt, 2. Jahr: Winterfrucht, 3. Jahr: Haber oder Gerste, 4. Jahr: Rotklee, 5. Jahr: Winterfrucht, 6. Jahr: Sommerfrucht, 7. Jahr: Mengfutter und Hackfrüchte, gedüngt, 8. Jahr: Winterfrucht, 9. Jahr: Sommerfrucht. In diesen Formen hat die Dreifelderwirtschaft, unterstützt von genügenden Düngungen und guter Bearbeitung, sehr gute Ergebnisse,

weshalb dieses System den Landwirten zur festen Regel geworden ist. Der Mangel desselben liegt hauptsächlich in dem ungünstigen Stande, den die Winterfrucht nach Hackfrüchten erhält, ebenso der nach Haber gebaute Reps.

Die Fruchtwechselwirtschaft ist auf den größeren Gütern verbreitet. Bayern kann sich rühmen, daß seine Landwirte schon in den siebziger Jahren des vorigen Jahrhunderts den Kampf gegen die Dreifelderwirtschaft alten Systems durch Anempfehlung des Klee- und Kartoffelbaues und Einführung der Stallfütterung begonnen haben. Die Dreifelderwirtschaft wurde allmählich unter dem Einflusse der Fruchtwechselwirtschaft so verbessert, daß Stallfütterung, gestützt auf künstlichen Futterbau, nahezu die allgemeine Regel wurde.

Ausnahmsweise und nur auf kleinen Flächen findet noch die Moorbrandwirtschaft am Lech und an der Donau statt.

Von Interesse ist auch die sog. Birkenbrandwirtschaft im bayerischen Walde, die von den ersten Anfängen der Kultur unter dem in das Kloster Niederalteich eingetretenen Landgrafen Güntherus von Thüringen (anno 1006) abgeleitet wird.

Auf den gerodeten, allmählich kahl gewordenen Flächen mit einem aus vielen Jahrhunderten angehäuften Humus siedelte sich die Birke an. Unter Zugrundlage einer Umtriebszeit von 20—48 Jahren wird das Holz bis auf einige Samenbirken abgeräumt. Die stärkeren Birken werden als Nutz- und Brennholz verwendet, das geringere Holz wird über der Schlagfläche aufgebrannt und sodann die Asche über die Schlagfläche verbreitet, welche dann zur Aussaat mit Korn hergerichtet wird. Diese Schläge heißen „Reuter“ und werden umzäunt. Nach beendigtem Fruchtbau tritt die Wiederbestockung des Bodens mit Holzpflanzen ein. Die Birkenberge werden beweidet. In vielen Bezirken ist die Birkenwaldwirtschaft im Rückgange begriffen und weicht einer intensiveren Kultur.

In der Pfalz herrscht das freie Wirtschaftssystem. Die Kultur wird durch reichliche Zufuhr von künstlichem Dünger und Ankauf von Kraftfutter sehr unterstützt, so daß der Boden trotz starker Inanspruchnahme reichliche Ernten liefert. Mit Getreide wird die kleinere Hälfte des Ackerlandes bestellt. In der Vorderpfalz wird viel Tabak gebaut und der Erlös hieraus bildet die Haupteinnahme der Kleingutsbesitzer. Hier finden sich übrigens auch schon Wirtschaften ohne jede Nutzviehhaltung, die nur mit Gründüngung und Mineraldüngung die Bodenkraft vermehren. Ein Hauptkulturzweig in der Pfalz ist der Weinbau. Auch hier findet Wechsel zwischen Rebland und Luzerne statt. In den Bezirken Frankenthal, Speier und Ludwigshafen wird ausgedehnter Zuckerrübenbau betrieben, welcher seine Produkte an die Zuckerfabriken bei Frankenthal, den einzigen Zuckerfabriken Bayerns, und an die Zuckerfabrik in Waghäusel in Baden liefert.

Was die Bearbeitung des Bodens anlangt, so kommen in den meisten bäuerlichen Wirtschaften fast nur Pflug und Egge zur Anwendung. Der mit dem geraden hölzernen Streichbrett versehene deutsche Landpflug ist am meisten verbreitet. Auch der böhmische Sturzpflug, Ruchadlo, findet Anwendung.

Im größeren Teile Bayerns ist das Bauen auf schmale Beete, sog. Bifänge, üblich. Der Bifang ist auf schwerem nassem Thonboden wohl am Orte, weil der Boden leichter austrocknet, als auf breiten Beeten. Auch mag der Bifangbau da gerechtfertigt erscheinen, wo die Ackerkrume so seicht ist, daß sie künstlich erhöht werden muß, um auf den erhöhten Beeten noch eine lohnende Kultur zu ermöglichen. Dagegen wäre der

Bifangbau thunlichst einzuschränken, wo die Natur dies gestattet. Durch den Bifangbau gehen etwa 30 % der Kulturfläche verloren.

Übrigens finden verbesserte Kulturmethoden, wie die Drillkultur und die Behackung, immer mehr Verbreitung; im gleichen Verhältnisse wird auch die Qualität der landwirtschaftlichen Erzeugnisse verbessert.

Der Landwirt betrachtet den Stallmist als den Hauptdünger, alle anderen Dünger als Beidünger. Als Streumaterial werden benutzt: Stroh, Erde, Torfstreu und Waldstreu. Am wenigsten entspricht ihrem Zwecke die Nadelstreu, die Hack-, Ast- oder Schneidelstreu (Dachsen). Für Torfstreu besteht ein billiger Ausnahme-Eisenbahntarif. Da sich ein Drittel des Stickstoffes der Ausscheidungen des Rindviehs im Harne vorfindet, so muß auf die richtige Behandlung des Harnes („Odel") das größte Gewicht gelegt werden.

Die Gründüngung findet vereinzelt statt, hat sich aber noch nicht allgemein eingebürgert.

Die Fäkalstoffe werden vielfach zur Düngung verwendet. Von München allein kamen vor Einführung des Schwemmsystems durchschnittlich 2000 Eisenbahnwaggons mit Latrine zur Versendung. Die Latrinenabfuhr vom Bahnhof in Nürnberg ist in steter Zunahme. Professor Dr. Soxhlet berechnet den Wert einer Waggonladung auf 56 ℳ.

Die Verwendung von künstlichem Dünger ist im Steigen begriffen. Die Hauptmasse bilden die phosphorsäurehaltigen Düngungsmittel. Unter diesen sind es die Superphosphate, die in größter Menge angewendet werden. Das Algäu wendet davon große Zuschüsse seinen Wiesen zu. Den Genossenschaften gebührt das Verdienst, auch dem minderbegüterten Landwirt den billigeren Bezug von künstlichen Düngermitteln zu ermöglichen. Gleichwohl hindert in vielen Fällen der Mangel an hinreichendem Betriebskapital den Landwirt, zum Stalldünger noch Kunstdünger hinzuzukaufen und hienach sein Bodenkapital so auszunützen, wie es die gesteigerten Anforderungen, die jetzt an den Landwirtschaftsbetrieb gestellt werden, verlangen.

Große Verbreitung haben bereits Thomasschlacke und Kainit. Auch die Gründüngung mit Lupinen, Hülsenfrüchten u. dgl. findet immer mehr Anwendung.

Der Durchschnittsertrag der Hauptfrüchte war in der Zeitperiode 1880—1891 für 1 ha

| | | |
|---|---|---|
| Weizen . . . | 26,6 | Zentner (1 Zentner = 50 kg) |
| Roggen . . | 24,4 | „ |
| Kartoffel . . | 196 | „ |

Diese Erträge stimmen, soweit der Weizen in Betracht kommt, genau mit den durchschnittlichen Erträgen im ganzen Deutschen Reiche überein, wo 26,6 Zentner auf 1 ha treffen. Dagegen erreichen sie die Erträge im Königreiche Sachsen nicht, wo im Durchschnitte 34 Zentner Weizen per Hektar erzielt werden.

Der Roggenertrag dagegen steht über dem mit 19,8 Zentnern ermittelten Durchschnittsertrag im Deutschen Reiche, bleibt jedoch gegen den im Königreiche Sachsen erzielten Durchschnittsertrag von 26,4 Zentnern um 2 Zentner zurück.

Der gesamte Getreidebau nimmt eine Fläche von 823 927 ha ein; hiervon treffen auf:

| | | | |
|---|---|---|---|
| Roggen . . . . . . . | 541 313 | ha oder | 29,68 % |
| Hafer . . . . . . . . | 449 910 | „ „ | 24,67 % |
| Gerste . . . . . . . . | 351 711 | „ „ | 19,28 % |
| Weizen . . . . . . . . | 322 670 | „ „ | 17,09 % |
| Spelz . . . . . . . . | 92 622 | „ „ | 5,08 % |
| Hülsen- u. andere Früchte | 65 699 | „ „ | 3,60 % |

Hackfrüchte und Gemüse werden auf 407 373 ha gebaut, Handelsgewächse auf 51 760 ha (Tabak 4892 ha, Hopfen 26 815 ha), die Weinberge umfassen 23 847 ha. Das Wiesenareal umfaßt 1 275 537 ha und ertrug im Jahre 1891 121 719 804 Zentner Heu und Grummet, wozu noch der Ertrag der Kleefelder mit 31 668 612 Zentner kam. Die Weiden und Hutungen betragen 236 999 ha. Die Forsten umfassen 2 504 732 ha, wovon 849 102 ha dem Staate, 307 543 ha den Gemeinden, 87 571 ha den Stiftungen und Genossenschaften und 1 250 339 ha den Privaten gehören.

Von den Weizensorten wird gewöhnlich der lichtbraune, harte, gemeine Weizen als am meisten widerstandsfähig gebaut.

Der bayerische Roggen und Hafer ist im Handel begehrt und bei entsprechender Qualität im Preise bevorzugt.

Die meiste Gerste wird in Niederbayern und in Franken gebaut. Die bayerische Braugerste wird geschätzt, namentlich wenn sie einer sorgfältigen Kulturbehandlung unterzogen wurde.

Klee zwischen Gerste zu bauen, wird auf Grund gemachter Erfahrungen nicht empfohlen, da die Trocknung erschwert ist, und namentlich für Brauerzwecke die Gerste weniger taugt.

In vielen Fällen ist durch Anwendung von Thomasschlacke und Kainit der Ertrag um das doppelte, manchmal um das dreifache gesteigert worden.

Ein wichtiger Wirtschaftsfaktor ist in Bayern das Wiesenareal. Die Mehrzahl der Wiesen ist zweimähdig, viele sind dreimähdig, und zur Bewässerung eingerichtet. Im Gebirge wird die Heuwerbung durch häufige Niederschläge erschwert, und es muß namentlich das Grummet auf besonders zugerichteten Pfählen („Heinzen") gedörrt werden.

Mit Futterpflanzen, hauptsächlich mit Rotklee (Doldenklee, Kopfklee), sind 320 123 ha angebaut.

Ein wichtiges Handelsgewächs bildet der Hopfen, der in Bayern, insbesondere im Spalter Land und in der Hallertau (Holledau) zwischen Pfaffenhofen und Landshut, in vorzüglicher Qualität gebaut wird. Der Anbau umfaßt 26 815 ha und ergab im Jahre 1891 eine Ernte von 209 884 Zentner, im Durchschnitt der Jahre 1880—1890 252 606 Zentner.

Der Tabakbau findet auf 4892 ha statt und ergab vom Hektar durchschnittlich 27,7 Zentner im Jahre 1891. Im vorangegangenen Jahre waren 161 406 Zentner gewonnen worden.

In der Nähe von Forchheim (Oberfranken) und von Baiersdorf (Mittelfranken) wird der Meerrettich (Kren) gebaut, der auch im Auslande geschätzt und gekauft wird.

Der Weinbau blüht in Franken und in der Rheinpfalz und erzeugt vorzügliche Gewächse (Rödelseeer, Stein, Leisten, Hörsteiner, Forster, Deidesheimer, Ruppertsberger, Königsbacher, Wachenheimer, Dürkheimer, Ungsteiner, Gimmeldinger, Haardter u. s. w.)

## V. Thierzucht.

### 1. Pferdezucht.

Die Viehzählung im Jahre 1892 ergab für Bayern 368 636 Pferde, gegen 356 316 Stück im Jahre 1883, sohin eine Zunahme um 3,2%. Die Pferdezucht Bayerns wird vorwiegend von bäuerlichen Grundbesitzern betrieben, die in ihr vielfach eine unentbehrliche Erwerbsquelle finden. In den letzten Jahren wurde eine Anzahl Privatgestüte von Großgrundbesitzern errichtet, in welchen teils ausschließlich Vollblutzucht, teils die Zucht edler Remonten für Militärzwecke betrieben wird.

Ein Teil der bäuerlichen Pferdezüchter, insbesonders jene, welche ihre Fohlen groß ziehen, züchtet gleichzeitig für eigene Betriebs- und auch Verkaufszwecke; hierher zählen insbesondere jene bäuerlichen Grundbesitzer, welche veredelte Pferde behufs Verkaufes für Luxuszwecke in die Armee züchten. Ein sehr großer Teil der bayerischen Pferdezüchter züchtet jedoch nur zum Zwecke des möglichst baldigen Verkaufes der Absatzfohlen, und bestrebt sich, möglichst schwere Fohlen zu erhalten. Die große Mehrzahl der Züchter schwerer und meist unveredelter Absatzfohlen findet sich in den Regierungsbezirke. Oberbayern, Oberpfalz und Schwaben, während in Niederbayern, der Pfalz und in den drei fränkischen Provinzen diese Art Zucht nur sporadisch gepflegt wird. Aber auch in Oberbayern und Schwaben existiert in einzelnen Gebietsstrichen, so z. B. im Isarwinkel, dann längs der Donau mehr die Zucht des veredelten wie des unveredelten Pferdes.

Die bayerischen Pferde, insbesondere die Arbeitspferde, werden wegen ihrer Leistungen sehr geschätzt und auch vom Auslande gerne gekauft. Was Schönheit der Formen und Leistungsfähigkeit auch bei erhöhten Anforderungen an die Aktion und Ausdauer betrifft, so finden sich diese Eigenschaften am meisten bei den veredelten Pferden Ober- und Niederbayerns, sowie auch teilweise bei jenen der Pfalz vereinigt; aber auch in den übrigen Regierungsbezirken finden sich strichweise Pferdebestände, die mit jenen der vorgenannten Kreise ebenbürtig in Konkurrenz treten können.

Die Pferdezucht qualitativ zu heben, ist vorwiegend Aufgabe der k. b. Landgestüts-Verwaltung; sie hatte im

Jahre 1892 123 Stationen mit 493 Hengsten, welche 25 786 Stuten deckten, bestellt. Die Beschaffung und Haltung der sämtlichen in Bayern benötigten Vaterpferde von Staats wegen erweist sich, abgesehen von den sonstigen Erwägungen, schon aus finanziellen Gründen unthunlich und ist bei der Teilung des Pferdezuchtbetriebes in die eingangs erwähnten zwei Hauptzuchtrichtungen auch nicht veranlaßt. Die natürliche Folge dieser Teilung war, daß die Staats- und die Privatthätigkeit den je für sie geeignetsen Anteil an der Erreichung des Zuchtzweckes zu nehmen hatten. Folgerichtig wurde die Beschaffung und Haltung der kaltblütigen schweren Vaterpferde vorwiegend der Privatthätigkeit vorbehalten, dagegen der Staatsanwat die Aufgabe der Veredlung zugewiesen.

Ein im Privatbesitz befindlicher Hengst darf zur Bedeckung von Stuten, welche dem Hengstbesitzer nicht gehören, nur dann verwendet werden, wenn er vorher durch den Körausschuß untersucht und durch ein Zeugnis desselben (Körschein) zur Zucht tauglich anerkannt wurde. (Gesetz vom 26. März 1881 „die Körordnung betreffend".)

Im Jahre 1892 deckten in Bayern 309 angekörte Hengste 19 373 Stuten.

Eine größere Anzahl dieser angekörten Hengste erhält aus Staats- und Kreismitteln alljährlich anläßlich der Körungen Prämien von 100—500 *M.* Die weitaus überwiegende Anzahl derselben wird in Bayern gezogen, dazu kommen einige aus dem Pinzgau oder aus Belgien eingeführte Hengste.

Für die Deckung durch Landgestütshengste wird ein Sprunggeld von 3 *M.* nebst 1 *M.* Trinkgeld — letzteres für das Unterpersonal der Gestütsanstalten — entrichtet; für eine kleine Zahl Hengste — 1892 waren es 68 Stück — wurde ein höheres Sprunggeld (5 *M.*) festgesetzt.

Die Beschaffung der Landgestütshengste wird bewerkstelligt:

1. durch Zucht in den k. Stammgestüten Achselschwang und Zweibrücken, welche z. Zt. zusammen 87 Mutterstuten besitzen;
2. durch Ankauf aus der Zucht der k. Hofgestüte zu Bergstetten und Rohrenfeld, welche 100 Zuchtstuten zählen;
3. durch Ankauf von sonstigen bayerischen Züchtern;
4. „ „ in den Gestüten Preußens u. Ungarns, bei Privaten in Norddeutschland, besonders Ostfriesland, dann England, Belgien und Österreich.

Der gegenwärtige Bestand an Landgestütshengsten setzt sich zusammen aus:

18 Hofgestütshengsten,
42 Stammgestütshengsten,
61 im Inlande gezogenen Hengsten,
20 englischen Vollbluthengsten,
261 in Norddeutschland erworbenen Hengsten,
42 englischen (Clydesdaler, Shiren, Norfolker-Hengsten,
35 österr. und ungarischen Hengsten,
22 Belgiern und
2 Dänen.

Von den sämtlichen Staats- und Privathengsten, welche im Jahre 1892 im Deckgeschäfte in Bayern verwendet waren, zählen dem Schlage nach und zwar:

| Zum Schlage | Landgestütshengste | angekörte Privatbeschäler | Hengste | Die Gesamtzahl der Deckhengste |
|---|---|---|---|---|
| I | 58 | 6 | 64 | 7,9 % |
| II | 184 | 36 | 220 | 27,3 % |
| III | 186 | 32 | 218 | 27,1 % |
| IV | 67 | 235 | 302 | 37,5 % |

Zum Schlage I gehören die Pferde des leichten Reitschlages, zum Schlage II jene des großen und starken Reit- und des leichten Wagenschlages. Zum Schlage III zählen die Pferde des starken Wagenschlages und zum Schlage IV jene des schweren Fracht- oder sog. Fuhrmannsschlages.

Für vorzügliche Leistuugen auf dem Gebiete der Pferdezucht werden alljährlich Preiseverteilungen abgehalten. Hierbei wurden im Jahre 1892 für Privatbeschälhengste, sowie ein-, zwei- und dreijährige Hengst- und Stutfohlen und für Mutterstuten 70410 *M.* aus Landgestütsmitteln und 14400 *M.* aus Kreismitteln zu Prämien aufgewendet. Außerdem wird die Hebung der Pferdezucht noch durch Zuwendung namhafter Zuschüsse seiters der k. Landgestütsverwaltung und der Kreisvertretungen an die Pferdezuchtsvereine und Fohlenaufzuchtsanstalten, deren z. Zt. 12 vorhanden sind, zu fördern gesucht. Ebenso werden vielfach Privathengsthalter durch Abgabe von Hengsten aus dem Bestande der Landgestütsanstalten unterstützt.

Speziell zur Förderung der Remontezucht existieren in Bayern 12 Remontezuchtvereine, welche alljährlich von der Militärverwaltung eine bestimmte Anzahl zur Remontezucht geeigneter Stuten um sehr ermäßigten Preis abgegeben erhalten. Anläßlich des Remonteankaufes im Inlande werden die aus Vereinsstuten hervorgegangenen ein- und zweijährigen Fohlen gemustert und die besseren derselben prämiiert.

Bei der Wichtigkeit des Hufbeschlages für Erhaltung eines guten Pferdematerials wird demselben alle Aufmerksamkeit zugewendet. Durch Gesetz vom 1. März 1884, den Betrieb des Hufbeschlaggewerbes betreffend, ist der Betrieb des Hufbeschlaggewerbes von der Beibringung eines Prüfungszeugnisses abhängig gemacht. Gemäß

Allerhöchster Verordnung vom 1. März 1884 wurde bei jeder Kreisregierung eine Prüfungskommission gebildet, welche mindestens einmal im Jahre eine Prüfung vorzunehmen hat. Jeder, der zur Prüfung zugelassen werden will, muß nachweisen, daß er schon mindestens drei Jahre im Hufbeschlaggewerbe verwendet war.

Um den Schmieden Gelegenheit zu geben, sich im Hufbeschlag entsprechend auszubilden, sind Hufbeschlag-Lehranstalten in München, Zweibrücken, Regensburg und Würzburg errichtet worden. Außerdem besteht eine Militärlehrschmiede in München.

Gleichwohl bestehen noch manche Klagen über die Mangelhaftigkeit des Hufbeschlages, die einerseits darauf zurückzuführen sind, daß es an gehöriger Unterweisung der Schmiedelehrlinge gebricht, anderseits mit der oft übel angebrachten Sparsamkeit der Pferdebesitzer zusammenhängen, welche vom Schmiede die Herstellung eines Eisens verlangen, das eine fehlerhafte Hufbildung und Fußstellung zur Folge haben muß.

## 2. Rindviehzucht.

Nach dem Ergebnisse der am 1. Dezember 1891 abgehaltenen amtlichen Zählung sind in Bayern 3333953 Stück Rindvieh vorhanden. Auf 1000 Einwohner treffen 596 Stück und auf 1 qkm 44 Stück.

Im Jahre 1883 waren 3037098 Stück ermittelt worden; es hat sonach in den letzten Jahren eine Zunahme um nahezu 300000 Stück, sohin um fast 10%, stattgefunden.

Diese Zunahme ist um so erfreulicher, als mit der Vermehrung des Viehbestandes auch eine bedeutende qualitative Verbesserung desselben einherging. Der Gesamtwert des bayerischen Rindviehbestandes darf mit mindestens 600000000 ℳ angenommen werden.

Die Zunahme und Verbesserung der Viehzucht ist in erster Linie auf die zielbewußte Arbeit der Landwirte selbst zurückzuführen, welche in der Viehzucht einen einträglicheren Zweig des landwirtschaftlichen Betriebes und ein geeignetes Mittel zur Erhaltung des Bodens in gutem Stande erblicken.

Weder Zunahme noch Verbesserung hätten jedoch eintreten können, wenn nicht der Wiesenbau und der Anbau von Futter erweitert worden wäre. Das Wiesenareal beträgt nunmehr 1 275 537 ha und hat sich nach den letzten Ermittelungen um 77 517 ha vermehrt. Auch der Anbau von Futterpflanzen hat zugenommen. Der Erfolg der durch die landwirtschaftliche Verwaltung thunlichst geförderten Kulturthätigkeit fällt hier am meisten in die Augen. In allen Flußthälern wurde weiteres Wiesenareal gewonnen, große Flächen sind entwässert oder zur Bewässerung eingerichtet worden. Am meisten hat hier das Institut der Kulturingenieure gewirkt, das in Bayern in allen Kreisen organisiert ist. Von Belang war ferner auch, daß die Bildung von Kulturgenossenschaften durch gesetzliche Bestimmungen wesentlich erleichtert ist, und daß dem kulturbeflissenen Landwirt durch die Landeskultur-Rentenanstalt die Mittel zur Durchführung seiner Unternehmungen an die Hand gegeben werden.

Die Verteilung der Rindviehbestände in den einzelnen Regierungsbezirken ist folgende:

| | | | | |
|---|---|---|---|---|
| Oberbayern | 655 525 Stück, | Oberfranken | 287 686 Stück, |
| Niederbayern | 571 379 „ | Mittelfranken | 335 252 „ |
| Pfalz . . | 246 966 „ | Unterfranken | 325 537 „ |
| Oberpfalz . | 386 782 „ | Schwaben . | 524 826 „ |

## A. Gebirgs- und Höhenschläge.

### a. Großes Fleckvieh mit hellem Pigment.

Hier ist vor allem das Miesbacher Vieh hervorzuheben, welches schon ursprünglich vorzügliche Eigenschaften besaß und durch fortgesetzte Einfuhr von Simmenthalern noch mehr Gewicht und Form erlangte.

Das Miesbach-Simmenthaler Vieh, hauptsächlich in den oberbayerischen Bezirken Miesbach, Rosenheim und Tölz vertreten, ist weiß mit gelben oder rötlichen Flecken, der Körper ist sehr schön und kräftig entwickelt, Rücken eben, Brust tief, Rippen gut gewölbt, Kreuz sehr breit, Schenkel voll, Füße gut gestellt, Knochen und Haut etwas schwer, Kopf gefällig, Hörner gelb und schön gestellt. Die Kühe erreichen ein lebendes Gewicht von 12—16 Ztr., die Ochsen häufig ein solches von über 20 Ztr.

Der Milchertrag wird auf 1600—1800 l des Jahres geschätzt. Auf 12—13 l Milch rechnet man 1 Pfd. Butter.

Das Simmenthaler Blut herrscht gleichfalls vor in den Bayreuther Schecken, welche in den gebirgigen Bezirken Oberfrankens gezüchtet werden. Sie sind weiß mit roten Flecken oder rötlich mit weißen Flecken. Die Bayreuther Schecken sind eine beliebte Handelsware.

Auch das Rieser Vieh ist zu erwähnen, welches in dem fruchtbaren schwäbischen Ries bei Öttingen und Nördlingen gezüchtet wird und vielfach mit Simmenthalern gekreuzt ist.

### b. Mittleres und kleines Fleckvieh.

Hierher gehört das ober- und niederbayerische Landvieh, welches übrigens schon vielfach durch Einführung verbessernden Blutes an Stärke und Milchergiebigkeit gewonnen hat. Unter der Bezeichnung Tanner- und

Haagervieh versteht man den leichteren Schlag des Landviehs. An der Donau, von Ingolstadt bis zur Straubinger Ebene, trifft man mittelschweres Vieh unter dem Namen Donauvieh, nordöstlich von dort, zwischen Donau und Regen bis zum Böhmerwalde, das Waldler Vieh.

Die Kampeten oder Kampeln, auch Rückel genannt, finden sich um Passau. Sie haben weiße Farbe, jedoch rötliche Ohren und an Brust- und Bauchseiten blaßrote Flecken. Dieser Viehschlag erhält sich sehr konstant. In der Gegend von Furth, Rötz und Waldmünchen (Oberpfalz) trifft man ein recht gut entwickeltes Scheckvieh, welches unter dem Namen „Vollmauer Vieh" bekannt ist.

c. Pinzgauer, Pongauer u. s. w.

Das Pinzgauer Rind hat seine Heimat in dem österreichischen Kronland Salzburg, ist aber auch in den oberbayerischen Bezirken Laufen, Berchtesgaden, Reichenhall und Traunstein, wo sich ihm ähnliche Futter- und klimatische Verhältnisse bieten, verbreitet. Es entstammt nach allen bisherigen Forschungen dem roten Gebirgsvieh, welches die Bajuwaren bis an den Brenner hin pflegten und zogen.

Die Grundfarbe der Pinzgauer ist ein kräftiges Rotbraun, Rücken und Schweif sind weiß, vielleicht infolge früherer Kreuzung mit Simmenthalern. Die Hörner sind fein und sanft gekrümmt, die Augen licht eingefaßt (Brillen), Hals stark, Triel sehr ausgeprägt. Die Brust ist weit, das Kreuz sehr breit, Füße kurz und gut gestellt, Schenkel gut mit Fleisch belegt.

Die Pinzgauer haben ein durchschnittliches Lebendgewicht von 400—500 kg. Der Pongauer Schlag ist etwas kleiner, aber gedrungen.

Die besseren Milchkühe geben 3000 l per Jahr. Die Mastfähigkeit ist gut, und das Fleisch wird als fein und wohlschmeckend gerühmt.

Der Pinzgauer Schlag ist hart und unempfindlich gegen Wetterunbilden. Seine große Konstanz und Vererbung ist vielfach erprobt.

### d. Graubraunes Gebirgsvieh.

Als ein hervorragender Schlag darf das im südlichen Teile des Regierungsbezirkes Schwaben verbreitete Algäuer Vieh bezeichnet werden. Es gehört der Braunviehrasse an (bos brachyceros) und wurde vielfach gekreuzt mit den nahe verwandten Montavonern und Schwyzern. Es gibt einen größeren gelbbraunen und einen kleineren grauen Schlag. Das Flotzmaul des größeren Schlages ist schwarz, beim kleinen dunkelgrau oder bleifarbig. Die Tiere besitzen helle Rückenstreifen. Der Kopf ist von mittlerer Länge, im allgemeinen ist die Nasenlinie um 4—5 cm länger als die Stirnlinie. Die Stirn ist zwischen den Augen etwas eingesenkt. Die Hörner sind kurz, der Hals kurz und kräftig. Der Rücken ist in der Regel gerade, die Schultern sind voll, die Rippen gut gewölbt, Hüften breit, Schwanzansatz eben. Der Schwanz ist dünn und reicht mit seiner langen, schweren Quaste über die Sprunggelenke. Die Milch der Algäuer Kuh ist von vorzüglicher Qualität. Man rechnet für eine Kuh im Durchschnitte 2000 bis 3000 l für das Jahr. Vielfach wird dieses Maß weit überschritten.

Von allem Gebirgsvieh gewöhnen sich die Algäuer am leichtesten an die Futterverhältnisse des Flachlandes.

Hauptviehmärkte für das Algäu sind Sonthofen (15. September) und Immenstadt.

Das mit dem Algäuer Vieh verwandte Murnau-Werdenfelser Vieh ist in den oberbayerischen Bezirken Schongau, Weilheim und Landsberg am meisten verbreitet, besitzt hellgelbe oder graugelbe Farbe und dunklen Nasenspiegel als charakteristisches Abzeichen des Braunviehs. Das jährliche Milcherträgnis stellt sich auf durchschnittlich 2500 l. Das schwerste Murnau-Werdenfelser Vieh trifft man in der Umgegend des Kochelsees.

### e. Das gelbe Vieh des Höhenlandes.

Vor allem darf das einfarbige rotgelbe Frankenvieh hervorgehoben werden, welches im südlichen Teile von Unterfranken, Mittelfranken und Oberfranken verbreitet ist. In Unterfranken umfaßt das Verbreitungsgebiet 6530 qkm mit etwa 250000 Rindern. An dem Zustandekommen des Schlages sind nach sachverständigem Dafürhalten beteiligt 1. das rotbraune Landvieh, 2. friesisches und 3. Simmenthaler Vieh.

Die Färbung ist meistens gelb-rot mit vereinzelten weißen Abzeichen.

Milchergiebigkeit und Mastfähigkeit sind vorzüglich. In der Zugleistung steht das Frankenvieh keinem anderen Schlage nach.

Diese hervorragenden Qualitäten machen dasselbe zu einem hochgeschätzten Handelsartikel, der namentlich auf den Märkten in Neustadt a. S., Schweinfurt, Würzburg, Kleinlangheim, Mellrichstadt, Münnerstadt und Haßfurt vertreten ist.

Der Scheinfelder Schlag hat hauptsächlich in Mittelfranken große Verbreitung und gehört dem rotgelben Frankenvieh an. Er erstreckt sich auch nach Oberfranken. Das Scheinfelder Vieh, mitunter Heilbronner, Langheimer, Schweinfurter, Itzgrunder und Franken-Vieh genannt, wird von Oberregierungsrat Landestierarzt

Göring als eine verbesserte Auflage des alten rotgelben Frankenviehs bezeichnet. Die Verbesserung wird der Einführung von Heilbronner Vieh zugeschrieben. Das Scheinfelder Vieh ist von erbsengelber Farbe, hat einen hellen Nasenspiegel mit heller Einfassung, schlanke, nach aufwärts gekrümmte, hellgelbe Hörner mit schwarzer Spitze und hellgelbe Klauen. Der Kopf ist gut proportioniert. Die Brust ist weit, Widerrist hoch, das Kreuz lang, der Bauch gut gerundet, Knochen fein, Beine mittelhoch und gut gestellt.

In der Arbeitstüchtigkeit sind die Scheinfelder besonders hervorragend; die Ochsen haben einen flotten, räumigen Gang und große Ausdauer im Zuge. Sie mästen sich ausgezeichnet und liefern ein feinfaseriges, schmackhaftes Fleisch. Auch die Milchergiebigkeit ist zufriedenstellend.

Die Märkte des Scheinfelder Zuchtgebietes sind mit Rücksicht auf die vielseitige Brauchbarkeit des Scheinfelder Rindes von zahlreichen Käufern besucht.

Das Ellinger Vieh hat seinen Namen von dem Thronlehen Ellingen, welches seinerzeit dem bayerischen Feldmarschall Fürsten von Wrede verliehen worden war. Der Fürst führte im Jahre 1822 einen Stamm Algäuer Vieh ein. Durch Kreuzung dieses Viehs mit gelbem Frankenvieh entstand nachweisbar der Ellinger Schlag. Seine Körperfarbe ist hellgelb, das Flotzmaul schwarzgrau. Es besteht einige Ähnlichkeit mit dem Algäuer Rind, namentlich haben die Ellinger Rinder auch den dunkel gefärbten Stirnschopf; die Körperform gleicht mehr der des Frankenviehs, namentlich dem Scheinfelder Schlage. Die Ellinger gehören dem schweren Mittelschlage an. Der Milchertrag stellt sich auf 2500—2600 l per Jahr; 12—14 l Milch geben 1 Pfund Butter. Der ausgewachsene magere Zugochse wiegt 12—14 Zentner. Die Zugleistung ist eine gute.

Im Nordwesten des bayerischen Waldes bei Cham, und Roding ist das sog. Chamauer Vieh verbreitet. Es hat Ähnlichkeit mit dem Scheinfelder, ist gelb, fein und milchergiebig.

Das Glan-Donnersberger Vieh gehört der Pfalz an. In dem Glanschlage tritt uns ein wohlgebautes, gedrungenes, zartes Vieh entgegen, das mit dem Donnersberger die gelbe Farbe ohne Abzeichen teilt, sich aber von ihm durch geringere Schwere und größere Feinheit unterscheidet.

Der Glanschlag ist von dem Herzog Christian IV. von Pfalz-Zweibrücken durch Kreuzung von friesischem mit Berner Vieh begründet worden. Stiere beider Rassen wurden vom Herzog an die Bauern ausgeliehen. Später wurden hauptsächlich Berner Stiere, aber auch Schwäbisch-Limpurger zur Zucht verwendet.

In Mast und Milch sind die Tiere dieses Schlages ausgezeichnet. Die Glankühe haben ein Lebendgewicht von etwa 8 Zentnern und geben neumelkend etwa 18 l Milch pro Tag. Bekannt sind die Märkte Quirnbach und Kusel, wo das Glanvieh eine beliebte Handelsware bildet.

Ganz nahe verwandt mit dem Glanvieh ist der stärkere Donnersberger Schlag, der sich in dem futterreichen Thal der Alsenz und am Fuße des Donnersberges findet. Die Kühe erreichen ein Gewicht von 11—14 Zentnern, die Ochsen ein solches von 15—20 Zentnern. Das Vieh ist, wie der Glanschlag, gelb ohne Abzeichen. Die Ochsen sind stark und gängig. Die Kühe geben 1900—2500 l Milch im Jahre.

f) Einfarbig rotes Vieh des Höhenlandes.

Hierher gehört das Voigtländer oder Sechsämter Vieh, welches seine Heimat im bayerischen und sächsischen Voigtland hat. Die Bezeichnung „Sechsämtervieh“ rührt davon her, daß der Schlag seine Verbreitung in den sechs alten Ämtern Wunsiedel, Selb, Thierstein, Kirchenlamitz, Weißenstadt und Hohenberg hatte. Übrigens ist dasselbe auch im nördlichen Teile der Oberpfalz weit verbreitet. Die Entstehung des Schlages wird auf die Einführung von Zillerthaler Vieh durch das Kloster Waldsassen im vorigen Jahrhundert zurückgeführt. Durch Inzucht wurde das Voigtländer Vieh zu einem wertvollen konstanten Schlage herangebildet.

Die Körperfarbe der Voigtländer ist kastanienbraun ohne Abzeichen, die Schwanzquaste hat hellgelbe, das Euter hellrote Haare. Der Kopf trägt die Merkmale der kurzköpfigen Rasse. Die Rumpfform ist sehr breit und tief, namentlich ist die Kruppe lang und breit. Die Haut ist dick und weich mit ausgezeichnetem Mastgriff. Der Voigtländer Schlag besitzt neben hervorragend schöner Form vorzügliche Mastfähigkeit und Zugleistung. Die Ochsen sind beliebt, weil sie große Lasten bewältigen und einen raschen ausdauernden Schritt haben. Die Milchproduktion der Kühe ist geringer.

Das Voigtländer Vieh ist mittelgroß. Trotzdem erreichen die Ochsen eine erhebliche Größe und Stärke.

### g) Andere deutsche Höhen- und Landschläge.

Eine große Verbreitung besitzt der Kelheimer Schlag, der sich im Bezirke Kelheim (Niederbayern) und Umgegend und im ganzen mittelfränkischen und oberpfälzischen Jura findet.

Die Farbe ist braunrot mit weißer Kopfblässe (daher die sehr eingebürgerte Bezeichnung „Kelheimer Blässen“), weißer Unterbrust, weißer Schwanzquaste und weißen Abzeichen an den Füßen.

Die ausgewachsene Kuh wiegt 9—11 Zentner, der Ochse 13—16 Zentner.

Die Milchergiebigkeit ist mittelmäßig, das Vieh liefert aber vorzügliches Fleisch. Die Ochsen sind ausgezeichnete Arbeitstiere mit räumigem, flotten Gange.

Das Spessart- und Rhönvieh stammt von der alten deutschen Rasse und ist dem leichteren Mittelschlage zuzuzählen. Es ist rot gefärbt mit weißen Abzeichen und im Spessart oft mit Kopf- und Rückenblässen versehen.

## B. Niederungsschläge.

Unter Beachtung der Reihenfolge der Ausstellungsordnung ist hier noch der Ansbach-Triesdorfer Schlag anzuführen. Dieser Schlag besitzt im Regierungsbezirke von Mittelfranken sein Verbreitungsgebiet.

Markgraf Friedrich Alexander von Ansbach, welcher um das Jahr 1748 zu Utrecht studierte und daselbst das Friesländer Vieh kennen gelernt hatte, ließ nach seinem Regierungsantritt im Jahre 1757 mehrere Stücke von dieser Niederungsrasse auf seine Domaine Triesdorf verbringen, um damit eine Veredelung des Ansbacher Rindviehs zu versuchen. Später wurden weitere Viehstücke in den Kantonen Bern und Freiburg angekauft und mit dem friesischen Vieh gekreuzt. Aus dieser Kreuzung bildete sich allmählich der völlig konstant gewordene, große kräftige, sowohl in Bezug auf Milchnutzung, als besonders zur Arbeit und Mästung taugliche Ansbach-Triesdorfer Schlag.

Die Farbe dieses Schlages ist rötlich-bunt oder gelbbunt, häufig getigert. Das Lebendgewicht wird mit 10—12 Zentner angegeben, der jährliche Milchertrag auf 2500 l berechnet.

In den Flußgebieten der Rezat und Altmühl findet man das bestgezogene Ansbach-Triesdorfer Vieh. Dasselbe wird am meisten auf den Ansbacher Viehmärkten gehandelt.

Das schon oben erwähnte Rieser Vieh wurde früher vielfach mit Ansbach-Triesdorfern gekreuzt.

Die Rindviehzucht wird in Bayern gefördert:

1. durch das Institut der Körung (Gesetz vom 5. April 1888, betreffend die Haltung und Körung der Zuchtstiere);
2. durch Aufstellung eines Wanderlehrers und Konsulenten für Rindviehzucht;
3. durch die Bildung einheitlicher Zuchtgebiete und Zuchtgenossenschaften;
4. durch die Aufstellung von Viehzuchtinspektoren;
5. durch Prämiierungen und sonstige Zuschüsse zur Verbesserung der Rindviehzucht.

Durch das Staatsbudget sind jährlich 80 000 ℳ zur Verfügung gestellt, welche für Prämiierung, Unterstützung von Zuchtgenossenschaften, Unterstützung armer Gemeinden behufs Förderung der Rindviehzucht verwendet werden. Außerdem betragen die Kosten für die Körung jährlich 70 000 ℳ.

Hierzu kommen aber noch die zu gleichen Zwecken geleisteten Zuschüsse aus Kreis- und Distriktsfonds, dann aus den Fonds der landwirtschaftlichen Kreis- und Bezirkskomitees. Im Jahre 1892 betrug der gesamte Aufwand für Rindviehzucht 243 528 ℳ. Hiervon bewilligten die Kreise 42 106 ℳ, die Distrikte 58 895 ℳ, die landwirtschaftlichen Kreiskomitees 11 788 ℳ und die Bezirkskomitees 38 032 ℳ.

### 3. Kleinviehzucht.

Weniger Bedeutung in wirtschaftlicher Beziehung hat in Bayern die Schafzucht. Der vorhandene Bestand beträgt rund 965 772 Stück und umfaßt das unveredelte Zaupelschaf, das wegen seines feinen Fleisches sehr geschätzte Frankenschaf, dann das Bastardschaf und feine Wollschaf.

Was die Schweinezucht anlangt, so ist dieselbe erheblich in die Höhe gegangen. In den letzten 50 Jahren hat sich der Schweinebestand um 30% vermehrt. Nach der letzten Viehzählung waren 1 356 674 Schweine vorhanden. Am verbreitetsten ist das bayerische Landschwein, welches einen gestreckten Kopf, nicht sehr lange, aufrecht stehende Ohren und einen sog. Karpfenrücken besitzt. Vorderteil ist in der Regel weiß, Hinterteil rotgelb. Diese Schweinsart paßt besonders für kleinere Wirtschaften. Sehr beliebt sind jetzt englische Kreuzungen. Die Entwickelung des Molkereibetriebs förderte auch die Schweinezucht.

Die Ziegenhaltung ist verhältnismäßig gering und umfaßt 268 992 Stück.

Für die Geflügelzucht herrscht große Neigung, die sich namentlich auch der Hebung der ländlichen Geflügelzucht zuwendet. Die Reinzüchtung der wertvollsten ausländischen Geflügelrassen hat sich nicht bewährt. Dagegen ergaben Kreuzungen des bayerischen Landhuhnes mit dem italienischen Landhuhn, mit dem Spanierhuhn und mit La Flêche sehr guten Erfolg.

Der Rohertrag der gesamten Geflügelzucht wird vom bayerischen Landes-Geflügelzuchtverein auf 30 601 000 *M.* pro Jahr veranschlagt.

## 4. Fischzucht.

Bayerns zahlreiche Seen und fließende Gewässer beherbergen die edelsten Fischarten, der Rhein und seine Nebenflüsse den Lachs (Salmo Salar), die Donau mit ihren Zuflüssen den Huchen (Salmo Hucho), der Königssee, Schliersee, Tegernsee und andere Seen den sehr geschätzten Saibling (Salmo Salvelinus), dann die Seeforelle (trutta lacustris). Ferner enthalten Bayerns Seen, vom Bodensee bis zum Chiemsee, reiche Bestände an Coregonen (Bodenrenke, coregonus fera, Renke, coregonus Wartmanni, und Kilch, coregonus hiemalis). Die Forelle, trutta Fario, und die Äsche, thymallus vulgaris, bewohnen die raschfließenden Berggewässer. In der Oberpfalz und in Oberfranken wird die Teichwirtschaft in rationeller Weise betrieben.

In das bayerische Donaugebiet, das den Aal ganz entbehren mußte, wurde mit Hilfe des bayerischen Landes-Fischereivereines und des deutschen Fischereivereines Aalbrut (montée) mit Erfolg eingesetzt. Es ist ferner dem bayerischen Landes-Fischereiverein gelungen, den amerikanischen Bachsaibling, salmo fontinalis, und die Regenbogenforelle, salmo irideus, einzubürgern.

In den Bächen des bayerischen Waldes in Niederbayern, dann in Oberfranken und in der Oberpfalz findet sich auch die echte Perlmuschel (margaris margaritifera).

Die Krebszucht hat durch die Krebspest gelitten; doch wurden allmählich die altberühmten Krebsgewässer, wie die Altmühl, wieder bevölkert.

Die Fischerei ist durch eine Landes-Fischereiordnung und durch Kreis-Fischereiordnungen geregelt.

Die Landes-Fischereiordnung vom 4. Oktober 1884 hat für die wirtschaftlich bedeutenderen Fischarten Individualschonzeiten eingeführt und schreibt für 22 Fischarten Minimalschonmaße vor. Gleichzeitig enthält dieselbe die entsprechenden Marktverbote. Für den Bodensee sind besondere Bestimmungen erlassen worden, welche mit den von Österreich, der Schweiz, Württemberg und Baden erlassenen Vorschriften übereinstimmen.

Die künstliche Fischzucht wird in einer Reihe von Anstalten betrieben. Der bayerische Landes-Fischereiverein besitzt eine Landes-Fischzuchtanstalt in der Nähe von Starnberg, von welcher Eier und Brut abgegeben werden. In dieser Anstalt werden auch Versuche angestellt. Alljährlich wird ein Fischereilehrkurs abgehalten.

### 5. Bienenzucht.

Die Bienenzucht wird in Bayern von alters her betrieben. In der Umgegend von Nürnberg war das Zeidlerwesen frühzeitig organisiert (besonderes Zeidlergericht in Feucht) und zu hoher Blüte gelangt. Gegenwärtig befindet sich die Bienenzucht wieder auf der Bahn des Fortschrittes. Der bewegliche Bau findet immer mehr Eingang. Bei der letzten Zählung konnten 270626 Bienenstöcke (gegen 231374 im Jahre 1883) ermittelt werden.

---

## VI. Landwirtschaftliche Industrie und Nebengewerbe.

Von den landwirtschaftlichen Industrieen und Nebengewerben darf vor allem die Molkerei genannt werden. Am meisten sind die Molkereibetriebe in Oberbayern und Schwaben verbreitet, wo gegen 2000 Molkereien, meist sog. Sammelmolkereien, bestehen. Neben diesen genossenschaftlichen Molkereien sind auch eigentliche Genossenschaftsmeiereien vorhanden, welche die Sammlung und Verarbeitung der Milch, sowie den Verkauf der Produkte auf gemeinschaftliche Rechnung besorgen.

Eine große Rolle spielt die Bereitung von süßer Tafelbutter, welche häufig in Postkistchen direkt in die Hände der Konsumenten gelangt. In vielen Wirtschaften wird die minderwertige Butter zur Bereitung von Schmalz für Koch- und Backzwecke verwendet.

Die Handcentrifuge (Handseparator) ist schon in zahlreichen Exemplaren namentlich in Oberbayern und im Algäu verbreitet.

Die Käsefabrikation hat ihren Hauptsitz im Algäu, wo vorzügliche Weichkäse wie auch harte Rundkäse hergestellt werden. In neuester Zeit wurde mit der Anfertigung von Camembertkäse mit bestem Erfolge begonnen. 100 l Milch geben 8,46 kg, bei guter Alpenweide 9,31 kg Käse. Im Algäu werden jährlich zwischen 200—300 Millionen Liter Milch verarbeitet. Die Qualität wird fortwährend verbessert.

Das Molkereiwesen wird gefördert durch Molkereilehrkurse, Lehrmolkereien, Molkereilehrlingskurse, durch die landwirtschaftliche Centralversuchsstation, durch die Konsulentie und den Wanderunterricht für Molkereiwesen, durch Ausstellungen, Inspektionen der Sennereien, Wandervorträge u. s. w. Namentlich hat sich der sehr rührige milchwirtschaftliche Verein im Algäu große Verdienste um die Hebung der Molkerei erworben.

Die Branntweinbrennerei wird in der Regel in Gegenden mit vorherrschendem Kartoffelbau betrieben. In einzelnen Brennereien wird aber auch Mais gebrannt. Die gesamte Jahresmenge Branntwein, welche in Bayern nach dem Gesetze vom 24. Juni 1887 zum niedrigen Abgabesatz hergestellt werden darf, beträgt 162600 hl (3 l auf den Kopf der Bevölkerung). Bayern besitzt 5261 Brennereien, wovon aber nur 959 Kartoffeln brennen. Die Mehrzahl sind kleinere landwirtschaftliche Brennereien.

Abgesehen von den großen Bierbrauereien in den verschiedenen Städten sind auch auf dem Lande zahlreiche (im Ganzen 5311) kleinere Bierbrauereien vorhanden. Regelmäßig sind sie Attribut des Großgrundbesitzes und durch ihre Futterzuschüsse (Treber und Malzkeime) eine nicht unerhebliche Stütze der Viehhaltung. Der Malzverbrauch ist mehr als 6 Millionen Hektoliter. Der Landbrauer kauft von den Wirten und Ökonomen seiner Umgegend die Gerste und liefert ihnen die Treber.

Von Wichtigkeit für das Bierbrauereiwesen sind die Gesetze vom 16. Mai 1868 und vom 8. Dezember 1889. Hiernach darf außer Hopfen und Wasser nur aus Gerste bereitetes Malz zur Erzeugung von Braunbier verwendet werden. Andere Zusatz- oder Ersatzmittel sind ausgeschlossen. Schon eine alte Polizeiverordnung vom Jahre 1516 sagte: „daß füran allenthalben in unsere Stette, Märkte und auf dem Lande zu keinem Piere mehrer Stuckh, dann allein Gersten, Hopfen und Wasser genommen und gebraucht sölle werden". Die Steuer beträgt 6 *M.* vom Hektoliter ungebrochenen Malzes, steigt jedoch bei Großbetrieben mit einer Verarbeitung von mehr als 10000 hl um 25 bezw. 50 *ℳ* Dagegen wird bei Brauereien, welche nicht mehr als 6000 hl Malz verarbeiten, für die ersten 2000 hl des Jahresverbrauches nur ein Betrag von 5 *M.* vom Hektoliter erhoben. Durch diese Bestimmungen wurden auch den ländlichen Braueereien, für welche sich die Konkurrenz der Großbetrieb empfindlich bemerkbar gemacht hatte, wesentliche Erleichterungen zu teil.

Die Rübenzuckerfabrikation fehlt im rechtsrheinischen Bayern ganz, während sie in der Pfalz zwei größere Betriebsstätten mit sich daran anschließendem Zuckerrübenbau aufweist.

Eine merkwürdige Erscheinung bildet der in Bayern sehr verbreitete Betrieb von Hausindustrie neben der Landwirtschaft. Nahezu in der Hälfte aller landwirtschaftlichen Betriebe ist noch die landwirtschaftliche Hausindustrie vertreten. Ursprünglich lediglich darauf gerichtet, einzelne Artikel für den Betrieb und den eigenen Haushalt hervorzubringen, entwickelte sich die Hausindustrie an einzelnen Punkten immer mehr, und die wachsende Geschicklichkeit, die bessere Organisation der Arbeit und die Vermehrung des Betriebskapitals führten dazu, daß die Hausindustrie die Überschüsse ihrer Erzeugnisse in den Handel bringen konnte und in einzelnen Zweigen ein entsprechendes Absatzgebiet eroberte. In Oberfranken wird schon seit alter Zeit die Weberei von den Besitzern kleiner Anwesen betrieben. Der Verdienst aus diesem Betriebszweig ist indessen zurückgegangen. Auch die Korbmacherei fand zunächst in Oberfranken ihre Heimstätte, und die Korbflechtereiartikel aus dem Bezirk Lichtenfels sind in ganz Bayern und im Auslande bekannt. In einzelnen oberbayerischen Gebirgsorten (Berchtesgaden, Partenkirchen, Oberammergau) findet sich die Holzwarenfabrikation, in Mittenwald die vortrefflich entwickelte Geigenmacherei. Auch der bayerische Wald ist an der Holzindustrie beteiligt. Zu erwähnen ist auch noch die ursprünglich als Hausindustrie betriebene Schuhmacherei in Pirmasens, dann die Strohflechterei (Bienenkörbe, Backkörbe, Säekörbe, Fußabstreifer 2c.) in Oberfranken.

Wo der Landwirtschaftsbetrieb für sich allein genügende Lebensexistenz nicht zu bieten vermag, tritt die Hausindustrie ergänzend hinzu und macht es namentlich da, wo Klima und Boden einen vorteilhafteren Landwirtschaftsbetrieb nicht gestatten, dem Kleinbesitzer möglich, sich und seine Familie zu erhalten.

## VII. Kredit- und Versicherungswesen.

Für den Realkredit wirken die bayerische Hypotheken- und Wechselbank, die süddeutsche Bodenkreditbank, die bayerische Vereinsbank, die Handelsbank, die Vereinsbank in Nürnberg und die pfälzische Hypothenbank. Die regelmäßige Beleihungsform ist das unkündbare Pfandbriefdarlehen. Die bayerische Hypotheken- und Wechselbank hatte Ende 1892 einen gesamten Umlauf von Pfandbriefen im Betrage von 557311500 ℳ, wovon etwa 70% auf ländliche Besitzungen entfallen.

Auch das Stiftungs-, Sparkassen- und Gemeindevermögen ist zum Teile auf ländliche Besitzungen hingeliehen.

Außerdem hat König Ludwig I. im Jahre 1828 in jedem Kreise eine eigene Hilfskasse errichtet. Aus diesen Hilfskassen können Landeigentümer in unverschuldeten Notfällen die zur Erhaltung ihrer Anwesen nötigen Darlehen „gegen geringe Verzinsung und leidliche Rückzahlungsfristen" erhalten. Hierzu kommen noch die von dem Prinzen Karl von Bayern gestifteten Fonds, welche gleichen Zwecken dienen.

Auch die k. Bank in Nürnberg mit ihren zahlreichen Filialen dient zum Teil landwirtschaftlichen Zwecken. Nach § 1 der Verordnung vom 13. Dezember 1878 ist die k. Bank eine Staatsanstalt mit kaufmännischer Geschäftsführung, welche vorzugsweise den Zweck hat, als Depositen-, Wechsel- und Leihbank verfügbares Kapital nutzbar zu machen und insbesondere durch Vorlehen den Handel, die Industrie, die Gewerbe und die Landwirtschaft zu unterstützen und zu fördern.

Dem Personalkredite widmen sich zahlreiche Vorschuß- und Darlehenskassenvereine mit Solidarhaft. Letztere

Vereine sind zu Kreisverbänden mit Geldvermittelungsstellen zusammengeschlossen. Die Bildung eines bayerischen Landesverbandes der Darlehenskassenvereine ist eben im Werke. Dieser Landesverband soll die Revision der Vereine übernehmen und den Geldverkehr regeln.

Um dem Landwirte die Möglichkeit an die Hand zu geben, nutzbringende Kulturunternehmungen durchzuführen, wurde mit Gesetz vom 21. April 1884 die Landeskultur-Rentenanstalt in das Leben gerufen. Dieselbe ist Staatsanstalt und dient ausschließlich dem landwirtschaftlichen Meliorationskredit. Sie gewährt Darlehen für Be- und Entwässerungsunternehmungen, für Korrektionen an Bächen und Privatflüssen, Anlagen zum Uferschutz und zum Schutz gegen Überschwemmungen, für Zusammenlegung von Grundstücken (Flurbereinigung), für Urbarmachung öder Flächen, Meliorationen von Feldern und Wiesen, für Wegeanlagen zur besseren Benutzung landwirtschaftlicher Grundstücke und für Aufforstung der den Gemeinden gehörenden Ödflächen. Die Darlehen werden mit 3¾ % verzinst; außerdem wird ein kleiner Zuschlag zum Zins behufs Tilgung des Kapitals entrichtet. Dieser Zuschlag und der Zins zusammen heißt Kulturrente. Der Zuschlag beträgt bei einer Tilgungsperiode von 58 Jahren ½ %. Wer z. B. ein Kapital von 800 ℳ für 58 Jahre aufnimmt, hat jährlich an die Landeskultur-Rentenanstalt zu entrichten:

den Zins zu 3¾ % = 30 ℳ,
für Tilgung ½ % = 4 ℳ,
sohin eine Kulturrente von 34 ℳ.

Mit Entrichtung dieser Rente während der Dauer von 58 Jahren tilgt der Schuldner seine gesamte Schuldigkeit an Kapital und Zins.

Bei kürzeren Tilgungsperioden sind höhere Zahlungen zu leisten. Wer sein Darlehen beispielsweise in 26½ Jahren tilgen will, bezahlt neben dem Zins von 3¾ % noch einen Zuschlag von 2¼ %, sonach eine Kulturrente von 6 %. Gemeinden und Genossenschaften können die Darlehen ohne jede Sicherheitsbestellung erlangen. Sonstige Landeigentümer müssen hypothekarische Sicherheit leisten und entweder das Kapital oder eine Realrente im Hypothekenbuche eintragen lassen.

Der Staat unterstützt die Anstalt dadurch, daß er die Landeskultur-Rentendarlehen als Staatsschuld durch Ausgabe von vierprozentigen Kulturrentenscheinen aufnimmt, daß er sich ergebende Zinsdifferenzen deckt, die Verwaltung der gesamten Anstalt führt und derselben Gebührenfreiheit einräumt.

Von dem Gesetze vom 21. April 1884 wird umfassender Gebrauch gemacht. Die Landeskultur-Rentenanstalt hat bereits 1½ Millionen Mark an mehr als 2000 Landwirte in oft sehr kleinen Darlehensbeträgen hinausgegeben. Auf einen Darlehensnehmer trifft durchschnittlich ein Darlehensbetrag von 750 *M.*, ein Beweis dafür, daß die Anstalt ihre Vorteile den Besitzern kleinerer Anwesen zuwendet. Die Gemeinden und Genossenschaften machen am meisten Gebrauch von der Anstalt. An erstere sind Darlehen im Betrage von 1095749 *M.*, an letztere eine Summe von 260593 *M.* hinausgegeben.

Am meisten wird die Anstalt für Be- und Entwässerungen benutzt. Ende 1892 waren ausgeliehen:

| | |
|---|---|
| für Bewässerungsanlagen . . . . | 502943 *M.* |
| für Entwässerungsanlagen . . . . | 175639 *M.* |
| für Entwässerungsanlagen mit gleichzeitiger Bewässerung . . . . | 303272 *M.* |
| für Uferschutz und Korrektionen . . | 209119 *M.* |
| für Urbarmachung und Meliorationen | 44742 *M.* |

für Flurbereinigung . . . . . . . 5400 M.
für Wegeanlagen . . . . . . . . . 143080 M.
für Aufforstungen . . . . . . . . . 12630 M.

Die Anstalt hatte bei den Eingängen der Kulturrenten keinen Verlust und konnte bereits einen Reservefond von 50000 M. ansammeln.

Für die Versicherung von Gebäuden gegen Brandschaden besteht eine staatlich geleitete Brandversicherungsanstalt. Im Jahre 1811 wurden die bis dahin bestehenden einzelnen Anstalten vereinigt und im Jahre 1875 wurde zur Verwaltung der Gebäudebrandversicherungsanstalt ein Zentralorgan, die k. Brandversicherungskammer geschaffen. Durch Gesetz vom 5. Mai 1890 ist die Brandversicherungsanstalt der Pfalz mit jener in den Landesteilen rechts des Rheines vereinigt worden.

Mit den Gebäuden können versichert werden Mauern und Zäune sowie die mit den Gebäuden in bleibende Verbindung gebrachten Einrichtungen, insbesondere jene für Gewerbe- und Fabrikbetrieb. Für massive Gebäude mit harter Dachung werden 10 ₰ auf 100 M. der Versicherungssumme als Versicherungsbeitrag entrichtet, Gebäude von Fachwerk mit hartem Dach entrichten 13 ₰, Gebäude mit Lehmsteckenwerk, sowie die massiven Gebäude mit weichem Dache 20 ₰, alle übrigen Gebäude 25 ₰. Die Versicherungssumme beträgt 4 316 737 520 M. Die Anstalt besitzt einen Reservefond von nahezu 10 Millionen Mark. Die Verwaltungskosten berechnen sich auf nur 1,52 ₰ für 100 M. der Versicherungssumme. Die Leistungsfähigkeit der Anstalt ist dessen ungeachtet so groß, daß sie seit dem Jahre 1875 den Versicherten einen Betrag von 27 155 300 M. an den Versicherungsbeiträgen vollständig nachlassen konnte.

Außerdem hat die Anstalt in dem Zeitraume von 1875—1892 für Feuerlöschzwecke und gemeindliche Wasserversorgung 4 606 300 M. aufgewendet.

Weniger befriedigend war bis zum Jahre 1884 das Hagelversicherungswesen gestaltet; kaum 2% der Grundbesitzer waren versichert und es fehlte an jeder Ständigkeit der Versicherung und an jedem verlässigeren Maßstabe für die Bemessung der örtlichen Hagelgefahr. Da die staatlich geleitete Brandversicherungsanstalt ihre Leistungsfähigkeit erprobt hatte, lag es nahe, eine ähnliche Anstalt auch für das Hagelversicherungswesen zu schaffen.

Durch Gesetz vom 13. Februar 1884 wurde die unter staatlicher Leitung stehende bayerische Hagelversicherungsanstalt errichtet, deren Verwaltung der k. Brandversicherungskammer anvertraut ist. Der Staat gewährt dieser neuen Wohlfahrtsanstalt folgende Vorteile:

1. eine nahezu unentgeltliche Verwaltung. Im Jahre 1892 wurde bei einem Versicherungskapital von 108 780 240 M. für Verwaltungskosten der Betrag von 21 756 M. oder 2 ₰ für 100 M. der Versicherungssumme erhoben;
2. Zuwendung eines Stammkapitals von 1 000000 M., dessen Zinsen in den Reservefond fließen;
3. Zuwendung eines jährlichen Staatszuschusses von 40 000 M. zur Verstärkung der für die Entschädigungen bereit zu haltenden Mittel;
4. Porto- und Gebührenfreiheit.

Der Beitrag betrug in den Jahren 1884/92 durchschnittlich 1,22 M. auf 100 M. der Versicherungssumme. An Entschädigungen wurden im gleichen Zeitraume dem Lande 6 008 552 M. zugeführt. In der Regel wird der Schaden voll vergütet. Wenn 8/10 des Schadens nicht vergütet werden können, so ist der Reservefond bis zu einem Viertel seines Bestandes zur Ergänzung der Entschädigungen heranzuziehen.

Die Entwickelung der Anstalt übertraf alle Erwartungen.

Im Jahre 1884 waren 7375 Versicherte mit einer Versicherungssumme von 11 140 233 M., im Jahre 1892 waren 72 414 Versicherte mit einer Versicherungssumme von 108 780 240 M. vorhanden.

Der Reservefond betrug im Jahre 1884 165 603 M., im Jahre 1892 dagegen 1 152 436 M.

Auf einen Versicherten kommen durchschnittlich 1500 M. Versicherungssumme, ein Beweis für die starke Beteiligung des kleineren und mittleren Grundbesitzes.

Die bayerische Hagelversicherungsanstalt wird von den Landwirten hoch gehalten und befriedigt das Versicherungsbedürfnis in thunlichst einfacher und wohlfeiler Weise. Bei den Schadensschätzungen wirken angesehene Landwirte mit. Ein Ausschuß der Versicherten ist der Anstaltsverwaltung beigegeben.

Was die Vieh-Versicherung betrifft, so ist dieselbe wesentlich erleichtert, weil der Staat die Entschädigung für Viehverluste durch die gefährlichsten Viehkrankheiten auf die Staatskasse übernommen hat. Ohne jede Beitragsleistung seitens der Viehbesitzer leistet die Staatskasse Entschädigung

1. für Viehverluste, welche durch Rotz und Lungenseuche veranlaßt werden, nach dem Gesetze vom 21. März 1881, die Ausführung des Reichsgesetzes über die Abwehr und Unterdrückung der Viehseuchen betreffend;

2. für Viehverluste infolge von Milzbrand nach dem Gesetze vom 26. Mai 1892, die Entschädigung

für Viehverluste infolge von Milzbrand betr. (Die Entschädigungen betrugen für das Jahr 1892 bereits 76 378 ℳ).

Für die durch Rinderpest verursachten Viehverluste wird die Entschädigung aus der Reichskasse geleistet. Ges. v. 7. April 1869.

Für sonstige Krankheits- und Unglücksfälle bestehen distriktive und örtliche Viehversicherungs-Vereine. Außerdem sind mehrere Versicherungsanstalten und Gesellschaften thätig.

Die örtlichen Viehversicherungsvereine sind gegenwärtig in erfreulicher Entwickelung begriffen.

Dieselben unterliegen nach § 360 Ziff. 9 des Reichsstrafgesetzbuches und § 4 der Allerhöchsten Verordnung vom 4. Januar 1872 der Genehmigung des k. Staatsministeriums des Innern.

Die Einrichtung dieser Vereine ist oft die denkbar einfachste und paßt sich thunlichst den maßgebenden örtlichen Verhältnissen an.

In vielen Fällen findet beim Ortsviehversicherungsvereine gar keine Kassaführung statt, und es werden die zur Entschädigung erforderlichen Geldmittel durch Umlagen gedeckt. Bei anderen Vereinen werden regelmäßige Jahresbeiträge erhoben und Reservefonds begründet. Die Umlage wird nicht selten nach Verhältnis der Grundsteuer eingehoben, häufiger ein fester Beitrag für das Viehhaupt, in vielen Fällen bemißt sich der Beitrag nach Versicherungseinheiten.

In einzelnen Vereinen wird ein Beitrag zu den Kurkosten aus der Vereinskasse geleistet. Manche Vereine vergüten den ganzen Wert des gefallenen Tieres, manche nur 7/10 oder 8/10. Bei Überfütterung mit Klee und in ähnlichen Fällen machen einzelne Vereine Abzüge.

Bei Notschlachtungen erwirbt nicht selten der Verein das betreffende Stück Vieh und verwertet es, wenn Freibanken am Orte oder in der Nachbarschaft vorhanden sind.

Können Freibanken nicht benutzt werden, so ordnen die Statuten vielfach an, daß die Vereinsmitglieder von dem noch genießbaren Fleische nach Maßgabe ihrer Versicherungssumme oder nach einem anderen Maßstabe zum ortsüblichen Preise abnehmen müssen.

In den geringen Verwaltungskosten, in der Berücksichtigung der örtlichen Verhältnisse und in der gegenseitigen Kontrolle erblicken die Landwirte den Hauptwert der örtlichen Viehversicherungsvereine. Solche Vereine können die genaueste Kontrolle der Viehhaltung und des Viehbestandes ausüben, unmittelbar auf die Pflege des gesunden und kranken Tieres einwirken, sich ihren Einfluß in Bezug auf das Heilverfahren und die Tötung wahren und bei der Festsetzung der Entschädigung, sowie der Verwertung des genießbaren Fleisches entsprechend mitwirken.

Die Frage der weiteren Ausbildung des örtlichen Viehversicherungswesens und des Zusammenschlusses der einzelnen Vereine zu größeren Verbänden behufs Ausgleichung der Schäden wird gegenwärtig in den landwirtschaftlichen Kreisen vielfach erörtert.

## VIII. Grundsteuer, Staatsbudget für landwirtschaftliche Zwecke.

Was die Besteuerung anlangt, so wird für den Betrieb der Landwirtschaft weder Einkommensteuer noch Gewerbesteuer entrichtet, sondern **Grundsteuer**. Bayern besitzt eine vorzügliche Parzellarvermessung des ganzen Landes und deren Darstellung in einem umfassenden Karten- und Katasterwerke. Besteuert wird der mögliche, durchschnittlich erzielbare Betrag; derselbe wurde ermittelt nach dem Flächeninhalte einerseits, nach der natürlichen Lage und Bodenbeschaffenheit des Grundstückes bei gemeinüblichem Wirtschaftsfleiße, im mittleren Ernteergebnisse anderseits. Das dritte Jahr wird als Brachjahr gerechnet.

Für alle Grundstücke sind bestimmte **Bonitätsklassen** festgestellt. Bei Äckern gibt ein mitteljähriger Ertrag von einem Achtelschäffel (ein bayer. Schäffel = 2,223576 hl, ein Achtelschäffel = 27,7947 l) nach Abzug der Aussaat je eine Bonitätsklasse, jedes weitere Achtelschäffel eine Klasse mehr. Der Preis des Schäffel Korn (Roggen) wurde mit 8 Gulden = 13 *M.* 71 *ℌ* angenommen.

Die Steuerverhältniszahl ist das Produkt von Fläche und Bonitätsklasse. Ein Grundstück mit 6 Tagwerk (1 Tagwerk = 0,34 ha) in der 10. Bonitätsklasse hat die Steuerverhältniszahl $6 \times 10 = 60$, und es wird von ihm angenommen, daß es 60 Achtelschäffel Korn erträgt. Das Achtelschäffel Korn wird zu einem Gulden (= 1 *M.* 71 *ℌ*) gerechnet. Wieviel Pfennig für jede Einheit der Steuerverhältniszahl als Jahressteuer zu erheben ist, bestimmt das Finanzgesetz. Gegenwärtig beträgt diese Quote $8^4/_{10}$. In dem voraufgeführten Beispiele würde also die Steuerschuldigkeit betragen: $60 \times 8{,}4 = 5$ *M.* 4 *ℌ*.

Die Gemeindeumlagen sind vielfach höher als die Grundsteuer. Das bayerische Grundsteuergesetz kommt den Meliorationen zu gute; denn die Grundlage der Besteuerung, die Bonitierung, bleibt unveränderlich, wenn auch das Grundstück wesentlich verbessert wird.

Das Staatsbudget weist beim Etat des k. Staatsministeriums des Innern für landwirtschaftliche Zwecke einen Staatsaufwand von 1 353 179 *M.* auf. Hierzu kommen aber noch weitere erhebliche Verausgabungen für Unterrichtszwecke, für Wasserbauten, Seuchenentschädigungen u. s. w. Die wichtigsten Budgetsätze sind:

| | |
|---|---|
| Für Hebung der Rindviehzucht . . . . | 150 000 *M.* |
| Für landwirtschaftliche Zwecke überhaupt | 70 000 „ |
| Für Abwehr gegen die Reblaus . . . | 8 000 „ |
| Zuschuß an die Hagelversicherungsanstalt | 40 000 *M.* |
| Landeskultur-Rentenkommission . . . | 4000 „ |
| Flurbereinigung . . . . . . . . . . | 110 960 „ |
| Gestütswesen . . . . . . . . . . . | 861 981 „ |
| Beiträge an den landwirtschaftlichen Verein . . . . . . . . . . . . . | 78 862 „ |
| Zuschüsse an die Kreisfonds . . . . | 20 576 „ |
| Für Entschädigung für wegen Seuchen getötete Tiere . . . . . . . . . | 40 000 „ |
| Entschädigungen wegen Milzbrand . | 76 378 „ |

Beim Etat für das Unterrichtswesen sind weitere Ausgaben für die landwirtschaftliche Abteilung der technischen Hochschule (42 000 *M.*), für die landwirtschaftliche Zentralschule Weihenstephan (27 533 *M.*), dann für die Kreis-Landwirtschafts- und Ackerbauschulen, für die landwirtschaftlichen Winterschulen, Haushaltungsschulen und die Fortbildungsschulen, endlich für die landwirtschaftlichen Versuchsstationen aufgeführt.

Ebenso sind beim Etat der Finanzverwaltung eine Reihe von Verausgabungen für landwirtschaftliche Zwecke vorgesehen, wie für die Kultur-Rentenschuld (5640 *M.*), für die Grundrenten-Ablösungsschuld (585 130 *M.*), Staatszuschüsse an Versuchsstationen für kleinere und mittlere Brauereien, sowie zur Aufstellung von Brennereitechnikern (45 000 *M.*).

---

# IX. Landeskultur.

Wie schon in Abschnitt I erwähnt, sind die Aufgaben auf dem Gebiete der Landeskultur sehr umfassend; sie beginnen mit der Verbauung der Wildbäche in den Gebirgsregionen, erstrecken sich auf die Korrektion der Gebirgsströme und anderer Flußläufe, auf Uferschutz- und Dammbauten, auf die Ent- und Bewässerung in den Flußthälern und auf die Urbarmachung der Moore.

Seit dem Jahre 1860 wurden in Oberbayern Moorflächen mit einer Ausdehnung von 22510 ha der Kultur zugänglich gemacht und größtenteils zur Grasgewinnung hergerichtet.

Auf genossenschaftlichem Wege wurden in den Jahren 1852—1888 1370 Unternehmungen zur Entwässerung und Bewässerung von 56 655 ha durchgeführt.

Ein wesentliches Verdienst an diesen Kulturfortschritten gebührt den Kulturingenieuren. Bayern besitzt in jedem Kreise einen Kreis-Kulturingenieur. Einige Kreise haben mehrere Kreis-Kulturingenieure und außerdem Bezirks-Kulturingenieure aufgestellt. Die Kulturingenieure müssen drei Jahreskurse an der technischen Hochschule zurücklegen und sich sodann der Absolutorialprüfung für Kulturingenieure unterziehen. Die Kreis-Kulturingenieure sind regelmäßig pragmatisch angestellte Beamte. Ihre Dienstverrichtungen bemessen sich nach der Dienstesinstruktion. Die Kulturingenieure haben in der Regel den Grundbesitzern ihren Rat und Beistand unentgeltlich zur Verfügung zu stellen. Sie regen zweckmäßige Unternehmungen an, arbeiten die

Projekte aus und leiten oder überwachen die Ausführung. Den Verwaltungsbehörden dienen sie als technischer Beirat.

In den meisten Kreisen stehen auch noch Kulturvorarbeiter zur Verfügung.

Durch die Leistungen der Immobiliar-Brandversicherungsanstalt wurde es ermöglicht, auch das Wasserversorgungswesen in ersprießlicher Weise zu organisieren. Zunächst wurde ein leistungsfähiger Wasserversorgungsfond angelegt, um die gemeindlichen Wasserversorgungs-Unternehmungen mit Geldzuschüssen unterstützen zu können. Aus diesem Fond werden jenen Gemeinden, welche ihre Wasserbezugsverhältnisse zu verbessern entschlossen sind, Zuwendungen bis zum vierten Teile der Baukosten, in einzelnen Fällen noch mehr, überwiesen. Ferner wurde im k. Staatsministerium des Innern ein „technisches Bureau für Wasserversorgung" errichtet, welches die technischen allgemeinen und erforderlichenfalls auch die Detailarbeiten zu besorgen, die Kostenvoranschläge aufzustellen und die Ausführung der projektierten Unternehmungen zu leiten hat.

Seit dem Bestehen des technischen Bureaus für Wasserversorgung (1878) bis April 1893 wurden von demselben für bayerische Gemeinden ausgearbeitet:

| | |
|---|---|
| Generelle Projekte und Gutachten | 524, |
| Detailprojekte . . . . . . . . | 222, |
| Summe: | 746. |

Ausgeführt und offiziell übergeben wurden 108 Werke mit einem Kostenaufwande von 5 908 735 *M.*

Hiezu kommen weitere 11 im Betrieb befindliche, jedoch noch nicht offiziell übergebene Werke mit einem Bauaufwande von 464 079 *M.*

Im Bau befinden sich 25 Werke mit einem Kostenaufwande von 1 593 805 M.

Demgemäß sind bereits 144 größere Wasserversorgungsanlagen mit einem Kostenaufwande von 7 966 619 M. fertiggestellt oder im Bau begriffen.

Durch diese Anlagen wird nicht nur die Feuersicherheit wesentlich erhöht, sondern auch das nötige Trink- und Nutzwasser für die ländlichen Gemeinden beschafft. Für eine verbesserte Viehhaltung sind diese Unternehmungen gleichfalls von größter Bedeutung. In den betreffenden Gemeinden werden nicht nur die allgemeinen kulturellen Verhältnisse gehoben, sondern häufig auch sonstige Verbesserungen, wie Entwässerungen und Kanalisationen, durchgeführt.

In einer Reihe von Fällen war es auch möglich, das überschüssige Wasser zur Bewässerung der Hausgärten, Wiesen 2c. zu verwenden.

Die Flurbereinigung (Arrondierung, Feldbereinigung, Commassation) wurde erst durch Gesetz vom 29. Mai 1886 organisiert. Durch dieses Gesetz ist eine staatliche Behörde, die Flurbereinigungs-Kommission, zur Leitung und Durchführung der Flurbereinigungs-Unternehmungen in das Leben gerufen worden. Gegenwärtig besitzt die Kommission einen Administrativbeamten und 14 technische Beamte. An den Kollegialsitzungen der Kommission nehmen Vertreter der k. Staatsministerien der Justiz, des Innern und der Finanzen teil, welche der Kommission als nichtständige Mitglieder angehören. Außerdem verwendet die Kommission auch, wo immer thunlich, die vorhandenen technischen Beamten der Messungsbehörden für einzelne Unternehmungen. Ferner wurde ein besonderer Flurbereinigungsfond in das Leben gerufen, aus welchem alle Flurbereinigungskosten vorgeschossen werden. Die Hälfte dieser Kosten wird den Beteiligten regelmäßig ganz nachgelassen. Die andere Hälfte kann in Raten zurückbezahlt werden.

Außerdem enthält das Gesetz ausreichende Zwangsbestimmungen, von welchen aber bis jetzt kein Gebrauch gemacht werden mußte.

Das Gesetz gestattet sowohl die Zusammenlegung wie auch die Feldwegregelung für sich.

Von der Feldwegregelung wird namentlich in der bayerischen Pfalz ausgedehnter Gebrauch gemacht, während im rechtsrheinischen Bayern die Zusammenlegung vorherrscht. Das Verfahren ist so einfach wie möglich gestaltet. Den Beteiligten erwachsen keine Kosten für die Kommissäre, für die Erhebungen und Verhandlungen an Ort und Stelle. Die Vermessungen und technischen Ausarbeitungen werden von der k. Flurbereinigungs-Kommission besorgt. Nach rechtskräftigem Abschluß der Verhandlungen bekommt schließlich jeder Beteiligte einen Auszug aus dem Operat, welcher die Erwerbsurkunde vertritt. Für Berichtigung der öffentlichen Bücher wird bemessene Sorge getragen.

Daß das Flurbereinigungsgesetz wirklich einem dringenden Bedürfnisse entsprach, geht schon aus dem Eifer hervor, mit welchem die Landwirte bemüht sind, ihren Besitz durch die Flurbereinigung besser zu gestalten oder doch wenigstens leichter zugänglich zu machen.

Ende 1892 waren 140 Unternehmungen, teils Grundstücks-Zusammenlegungen, teils Feldwegregelungen mit einer Gesamtbereinigungsfläche von rund 8000 ha fertiggestellt. Hierbei waren rund 6000 Grundeigentümer und ebensoviele Drittberechtigte mit mindestens 50000 Einlageparzellen beteiligt.

In der Ausarbeitung befinden sich 40 Unternehmungen, meist Grundstücks-Zusammenlegungen größeren

Umfangs mit ca. 5000 ha Bereinigungsfläche. Weiters sind 50 Flurbereinigungs-Anträge teils durch örtliche Erhebungen eingeleitet und zur weiteren Instruierung vorbereitet, teils in erster Tagsfahrt zur Inangriffnahme beschlossen. Die ferner eingekommenen und zur Instruierung sich eignenden 120 Anträge sind vorgemerkt und werden nach Maßgabe des zur Verfügung stehenden technischen Personals nach der Reihenfolge ihrer Anmeldung, bezw. nach dem Grade ihrer Dringlichkeit, in Angriff genommen.

Vollständig nach allen Richtungen ausgearbeitet und durch rechtskräftige Endentscheide erledigt sind 100 Unternehmungen. Deren Umschreibung in den Katastern und Hypothekenbüchern ist stets ohne jeden Anstand erfolgt.

Die aus den fertiggestellten Unternehmungen gewonnenen Vorteile sind von den Flurbereinigungs-Ausschüssen auf über 2 300 000 ℳ veranschlagt. Hiervon trifft eine halbe Million auf die Feldwegregelungen.

Die Kosten der Unternehmens-Ausarbeitungen, welche aus dem Flurbereinigungsfonde vorschußweise bestritten werden, schwanken je nach der Schwierigkeit der einzelnen Durchführung, bezw. der geringer oder stärker auftretenden Parzellierung zwischen 15 und 30 ℳ pro Hektar beteiligter Fläche.

## X. Landwirtschaftliche Vereine.

Zur Förderung der vaterländischen Landwirtschaft in ihrem Gesamtumfange besteht der landwirtschaftliche Verein. Die Verwaltungsorgane des Vereins bilden in landwirtschaftlichen Angelegenheiten den ständigen Beirat der Regierungsorgane.

Der landwirtschaftliche Verein in Bayern beruht auf breitester Basis. Für jeden Bezirk (meist 25 000 bis 30 000 Seelen umfassend) besteht ein landwirtschaftlicher Bezirksverein. Bayern besitzt 226 solcher Bezirksvereine. Mitglied des Bezirksvereins kann jeder unbescholtene Landwirt werden, der einen Jahresbeitrag von 3 *M.* entrichtet. Wer Mitglied des Bezirksvereins ist, ist gleichzeitig auch Mitglied des Kreisvereins, sowie des Landesvereins. An der Spitze des Bezirksvereins steht das Bezirkskomitee mit einem I. und II. Vorstand. In jedem Kreise (½ bis 1 Million Einwohner) sind die Bezirksvereine zu einem Kreisvereine zusammengefaßt. An der Spitze des letzteren steht das Kreiskomitee, welches zum Teil von den Bezirkskomitees gewählt wird und zum Teil sich selbst durch Wahl ergänzt.

Zentralorgan des gesamten landwirtschaftlichen Vereins in Bayern ist das Generalkomitee mit dem Sitze in München. Es besteht aus je 2 durch jedes der acht Kreiskomitees und aus 24 durch das Generalkomitee selbst erwählten Mitgliedern, wozu noch der Generalsekretär kommt.

Das Generalkomitee dient dem k. Staatsministerium des Innern als ständiger Beirat in landwirtschaftlichen Angelegenheiten, erstattet an dasselbe die erforderlichen Gutachten und legt demselben die im Interesse der Landwirtschaft veranlaßten Anträge, Wünsche und Beschwerden vor.

In gleicher Weise bildet das Kreiskomitee den Beirat der k. Kreisregierung.

Endlich wird jedes Bezirksamt in landwirtschaftlichen Angelegenheiten von dem Bezirkskomitee des landwirtschaftlichen Bezirksvereins beraten.

Allerhöchster Protektor des gesamten landwirtschaftlichen Vereins in Bayern ist Seine Königliche

Hoheit Prinz Luitpold, des Königreiches Bayern Verweser.

Seine Königliche Hoheit Prinz Ludwig von Bayern führen das Ehrenpräsidium des Generalkomitees und beteiligen sich regelmäßig an den Verhandlungen desselben.

Der landwirtschaftliche Verein in Bayern zählt dermalen über 61 000 Mitglieder.

Nicht nur der größere Grundbesitz, sondern auch der Bauernstand ist im landwirtschaftlichen Verein vertreten.

Der Mitgliederbeitrag von 3 M. des Jahres hält niemand vom Eintritt ab und wird um so leichter getragen, als dem Vereinsmitgliede nicht nur ein Einfluß auf die landwirtschaftliche Interessenvertretung eingeräumt ist, sondern auch zahlreiche andere Vorteile zugewendet werden. In Bayern wird selbst der Landwirt mit verhältnismäßig kleinerem Grundbesitz, wenn er Mitglied des landwirtschaftlichen Vereines ist, der Vertretung und Förderung durch die Vereinsorgane teilhaftig. Er findet in seinem Bezirk ein Organ des landwirtschaftlichen Vereins vor — das Bezirkskomitee —, welches seine Interessen vertritt. Bedarf er weiterer Vertretung, so kann er sich an das Kreiskomitee, eventuell an das Generalkomitee wenden.

Die Organe des landwirtschaftlichen Vereins erscheinen auch geeignet, die Interessen der Landwirtschaft entsprechend zu wahren. Die mit der Interessenvertretung betrauten Vereinskomitees gehen aus freier Wahl hervor, auf welche die Regierung keinen Einfluß nimmt, und vereinigen in sich erfahrungsgemäß die erfahrensten und tüchtigsten Landwirte, die lediglich von Rücksichten auf das öffentliche Wohl geleitet und ohne Entgelt sich ihrer Aufgabe unterziehen.

Der Verein hat den großen Vorzug, daß er neben der eigentlichen Vertretung der landwirtschaftlichen Interessen auf allen Gebieten Hand in Hand mit der Regierung arbeitet, dem Landwirte in allen praktischen Fragen an die Hand geht und selbst die Durchführung nützlicher Maßregeln, wie z. B. die Organisation von Zuchtgenossenschaften, die Verbreitung neuer Maschinen und Geräte, den Einkauf von Saatgut, Kraftfuttermitteln und Dünger, sowie den Absatz landwirtschaftlicher Erzeugnisse in die Hand nimmt.

Infolge dessen ist der Verein mit den Bedürfnissen und Wünschen der Landwirte in höchstem Grade vertraut und in stetiger Fühlung mit denselben. Hiezu kommt noch, daß der Verein regelmäßig berufen ist, auch bei der Verwendung der aus Staatsfonds fließenden Mittel zur Förderung der Landwirtschaft beratend mitzuwirken, und daß ihm selbst sehr erhebliche Beträge aus Staats- und öffentlichen Fonds zur Verwendung anvertraut werden. Das Generalkomitee erhält aus Staatsfonds jährlich rund 25 000 *M.*, die Kreiskomitees 68 576 *M.*, wozu aber noch bedeutende Willigungen der Kreise kommen.

Mit dem landwirtschaftlichen Vereine wirken die für einzelne Zweige der Landwirtschaft bestehenden Spezialvereine zusammen.

Nach den letzten Erhebungen bestanden 2371 Vereine mit 173 016 Mitgliedern.

Von diesen Vereinen sind folgende hervorzuheben:

| | | | | |
|---|---|---|---|---|
| 17 | Pferdezuchtvereine | mit | 3 223 | Mitgliedern |
| 378 | Rindviehzuchtvereine | „ | 18 869 | „ |
| 70 | Geflügelzuchtvereine | „ | 8 165 | „ |
| 288 | Bienenzuchtvereine | „ | 14 178 | „ |
| 24 | Molkereivereine | „ | 1 862 | „ |

| | | | | |
|---|---|---|---|---|
| 82 | Fischereivereine | mit | 6 580 | Mitgliedern |
| 13 | Hopfenbauvereine | „ | 1 253 | „ |
| 12 | Weinbauvereine | „ | 1 411 | „ |
| 313 | Obst- u. Gartenbauvereine | „ | 23 679 | „ |
| 344 | Dreschmaschinenvereine | „ | 5 636 | „ |
| 301 | Viehversicherungsvereine | „ | 26 903 | „ |
| 333 | Kreditvereine | „ | 29 687 | „ |
| 119 | Consumvereine | „ | 13 885 | „ |
| 40 | Lese- und Ortsvereine | „ | 3 468 | „ |
| 37 | sonstige Vereine | „ | 14 217 | „ |

Die größeren dieser Vereine sind nach dem Vorbild der erprobten Organisation des landwirtschaftlichen Vereins eingerichtet und umfassen örtliche und Bezirksvereine, Kreisvereine und einen Landesverein.

Zur Erfüllung ihrer Aufgaben werden den landwirtschaftlichen Spezialvereinen erhebliche Zuschüsse aus Staatsfonds, dann aus Mitteln der Kreise und Distrikte zur Verfügung gestellt.

Auch die Bestrebungen der zahlreichen Genossenschaften werden thunlichst gefördert.

Das Vereins- und Genossenschaftswesen ist in schönster Entwickelung begriffen und erscheint berufen, der Landwirtschaft den Übergang zur neueren Betriebsweise zu erleichtern und ihr als fester Stützpunkt gegen alle Gefährdungen ihres Besitzes und Wohlstandes zu dienen.

www.ingramcontent.com/pod-product-compliance
Lightning Source LLC
La Vergne TN
LVHW092105300926
849161LV00002B/39